獻給先父

天送先生在天之靈

文學叢刊之九十二

周慶華著

追夜

文史哲出版社印行

國家圖書館出版品預行編目資料

追夜 / 周慶華著. -- 初版. -- 臺北市 : 文史哲,
民 88
面 : 公分. -- (文學叢刊 ; 92)
ISBN 957-549-238-2(平裝)

855　　　　　　　　88012920

文學叢刊 ⑫

追夜

著者：周慶華
出版者：文史哲出版社
登記證字號：行政院新聞局版臺業字五三三七號
發行人：彭正雄
發行所：文史哲出版社
印刷者：文史哲出版社
臺北市羅斯福路一段七十二巷四號
郵政劃撥帳號：一六一八〇一七五
電話 886-2-23511028・傳眞 886-2-23965656

實價新臺幣三二〇元

中華民國八十八年九月初版

ISBN 957-549-238-2

追夜目次

夜未央（代序）

是追夜，不是追月。追月要有閑情，也要有雅興，而我早已是一個慣性忙碌且無緣風情的人，學人追月不啻唐突滑稽，徒讓清風明月嘲笑！倘若可能，我倒願意對著星空皓月痴想幾回，感受一點今世不知何世的惶惑和淒美！然而，我真的已經很久沒有機緣這樣獨自惆悵了。

過去是困於窮厄，勉強煮字療飢，經常熬夜到雞啼破曉；後來稍為可以溫飽，卻又不忘世俗那些薄名，總要一而再的推出新作，冀以開拓發聲的管道，而白髮和黑夜就成了一闋不變調的交響曲，反覆的催著日子往前進。此刻，敏感的不再是蕩漾的夜色，而是一波波無止盡的知識的追尋。

我不知道自己為什麼會成為一個倚賴文字為生的人。只記得將要進小學前，父母親正準備離開十分山上的礦場而回到石城老家，有一個玩伴從他父親那邊偷來一本空白的賬簿，當作禮物送給我。我一時被上面的劃格和字跡深深吸引住，摩挲了好久還捨不得移作他用。上小學後，逐漸要學習毛筆字，有一次我興致高昂的完成了一張小楷，被老師優評並貼在後面公佈欄上，莫名的興奮了好幾天！兩年後，我參加校內的書法比賽，三個人角逐，我得了第二名，也領到一張獎狀。此後，我在寫字方面的表現平平，甚至開始厭煩起它的折騰；因為家裏一直買不起好點的毛筆，老是為了「筆尖開叉」和「拖泥帶水」而心生憤恨，怨怪那些有錢才能練好字的人總要我們這些窮小子作陪襯，以滿足他們的優越感。

雖然如此，我還是對那些不需要什麼錢就可以習得的文字，深有好感。而在一個偶然的機會，我把國中國文課本附錄的文章通讀一遍，發現竟然還有我所不知道的文字的知識，頃刻間彷彿腦袋開了竅，而不由自主的得意了起來：那些為了考試而勤啃書本的人，大概都不會察覺教科書裏「別有洞天」。似乎就從這時候發端，我一邊留意周遭另類的文字成品，一邊展開摸索知識堂奧的孤獨之旅。

說「孤獨」，一點也不假。每天都是自己一個人在書報架上翻尋，深夜伴著孤燈再重新咀嚼，然後落實為日記簿上密密麻麻的組字果實或細格稿紙上字斟句酌的艱苦情思。五年師專的生活，讓我學會了用文字操控人生，也讓我品嘗了「小有文名」的尊嚴滋味。但不論如何，一旦深入由文字所構築起來的世界，就註定是孤獨的；在那裏每個人都有塊小浮木，飄來盪去，偶而碰撞卻不願意交換。我咬著牙，迎向自己幻想的黑山惡水，更增一分愴然！

在就讀大學夜間部中文系時代，我又把自己推向了一個深坑，有意無意的裝備起可以跟人爭辯的傢私；凡是碰到一些疑難的問題，我都想有意見。於是晨昏不停地追著所謂真理的影子，拚命擠出我所能回報的蠻力。這時我已不再是一個帶有浪漫傾向的人，擺在眼前的還有更艱難的挑戰：我的文字世界罅隙處處，不知道從何補起。雖然我能拈著一些小課題，咄咄逼人的把人家的論說劃歸邊緣，卻無法自我檢視前提預設的合理性。難怪剛上研究所時，常被師長嘲笑不自量力，只合適去做些不關痛癢的考據工作。

經過別人這一番訕詰，益發增強我的不認命感，我不相信自己只能活在餖飣考據的世界裏。我隱隱然可以感覺得到時代紛然殽雜的氣息，從四面八方向我襲來，我必須參與它的脈動，才能預知前進的道路。在研究所的那段日子，我接觸了學術界，碰到了許多浸淫在現代學術氛圍裏的人，他們的銳利異樣的言談，曾讓我心折過。而所裏有些年輕的老師已經著作等身，更讓我驚訝和汗顏！此刻，我才真正意識到自己得越過前賢的成就，才能找到安身立命處。於是我向各個學術領域，展開另一階段的搜尋的旅程，也藉著書寫統整我的閱讀經驗和研思結果。近十年來，合計出版了《詩話摘句批評研究》、《臺灣當代文學理論》、《語言文化學》、《佛教與文學的系譜》、《思維與寫作》等幾本專書，以及《秩序的探索——當代文學論述的省察》、《文學圖繪》、《佛學新視野》、《臺灣文學與「臺灣文學」》、《兒童文學新論》、《新時代的宗教》等幾本論文集，展現了我一點實際批評和理論建構的成績。我不知道這條路會走到什麼地步，唯一可以確信的是，我正在參與知識生產的行列，而我所關心的是人類未來的命運。

走在學術這條路上，雖然不免仍要跟人爭辯，但我已經略知如何自我調適，把自己可能犯的毛病儘量降低，也正視別人論述存在的合法性。這當中啓導過我的師長，不計其數；至今還在沾溉我的，也有王文進、龔鵬程、李瑞騰等幾位老師。我從大二就修王老師的文學概論，碩士班又修他的六朝文學；進博士班時，他正當淡江大學中文系系主任，我同其他一起考上博士班的同學都被延攬去系上兼課，原本辭去小學教職生活陷於困頓，有王老師照顧，才稍稍得以勉強度日；後來他轉任東華大學中文系，而我也取得博士學位到台東師院語教系任教，他還屢次託人詢問我的近況。龔老師和李老師都是當代獨領學術風騷的人，多年來一直叱咤文壇；而我有幸能沾得餘沫，進窺高牆後的風華，並常蒙他們的愛護提攜，於今還有不少追隨他們的機會。此外，分別指導我碩博士論文的顏崑陽老師和金榮華老師，在學時不只一次的給我反面的刺激，也讓我終身感念！我知道自己愚頑難馴，但還不至於妄自止境，師長們的厲色批評，也無非是希望我日有寸進，這點我深有所知。

除了師長的教益，學術界一些經常論學的朋友，也惠我良多。學外文的陳界華、學哲學的黃偉雄、學美學的孫中曾、學歷史的李紀祥、學社會學的黃駿、學佛學的余崇生諸友人，幾年來切磋學問不斷，廣開了我的思路。我自忖能逐漸拓展學術的領域，跟這群朋友長期相處具有密切的關係。此外，還有不少識與不識的朋友，在公開或私下的場合向我致意，不嫌棄我的論點，也讓我銘感於心！我明白這一路走來，雖然備嘗艱辛，也得罪了許多學術界的碩望，但自信還能謹守就事論事的原則，有批判而不涉非分的人身攻擊，這點大概只有我這些朋友能諒解，以至還能持續擁有他們的情誼。

當然，在我也像別人一樣尋求發聲管道的過程中，所最為渴望獲得出書的機會，也幸運的降臨了。前後幫助過我的，就有文史哲出版社的發行人彭正雄先生、三民書局的前副總編輯黃國鐘先生、揚智文化公司的發行人葉忠賢先生及總編輯孟樊兄、里仁書局的發行人徐秀榮先生和五南圖書公司的副總編輯李郁芬先生。他們都是我的貴人，肯接受我一些沒有什麼銷路的硬梆梆的學術著作，我只有感謝，其餘無從多說什麼。

為了求學，許多家事都由親人代勞；最近幾年才有餘力分擔家計，但父親不等我奉養卻走了。今年七月七日，我在臺灣大學參加大學聯考國文科閱卷，四叔打電話告知父親遺體已經從醫院的加護病房運回家裏，一時心亂如麻。前天夜裏去看他時，他還比手勢要我告訴他時刻，我沒有會意過來，只為他的急喘和不穩定的心律乾著急，更沒有想到那是最後一次見面。從父親的塵肺症發病以來，屢屢因為感染風寒而住進醫院，有幾次哮喘到幾乎藥石罔效，親友見狀，都判定大期不遠，暗示我們得準備辦理他的後事；但我始終不相信死神就這樣要帶走父親，我連一點相關的預感都沒有啊！母親和我們幾個兄弟姊妹媳婿，除了送父親去醫療，也儘可能滿足他各方面的需求，甚至每週固定一、二次帶他去給人家指壓，希望能減輕他的病情；而他自己求生的意志也極堅強，並沒有多次遭逢險難而有輕生念頭。可是這回他卻熬不過病痛，從插管到氣切到撒手人寰，只有短短三個多月。如今我還無法相信這是事實！

父親所受的苦楚，似乎從六歲得升火煮稀飯給弟弟吃就開始了。人家在那個年紀，已經進學校念書享受他們的童年生活了，父親卻遲至十歲才上小學。讀了四年日文，因為戰事而中斷，往後就是沒有止盡的操勞。尤其在祖父遭蛇噬右手殘廢後，家計的重擔幾乎都落在父親肩上。後來祖父壯年過逝，留下一群嗷嗷待哺的子女，而身為長子的父親，為了替弟妹掙三餐，再也沒有一天好日子可過；由四處幫傭到水泥搬運工到採煤工，將一生精華的時段獻給了家庭，因此而染上塵肺症，四十歲以後身體就日漸走下坡。晚年回家鄉慶雲宮當廟祝，服務十方信眾，終不敵海邊沍寒潮濕，感染肺結核而住院治療，從此一蹶不振，前後跟病魔奮鬥達四、五年之久。從來沒有喊過苦的父親，在最後一次住院插管輔助呼吸前，神色慘淡的說了一聲他現在過得很痛苦的話，我聽後眼淚差點奪眶而出，莫非這就是不祥的預兆！

打從我懂事起，就很少看到父親閑過，他不是上工，就是為親友的婚喪喜慶忙碌；兼會廚藝，鄰里鄉梓的親友有要事，都會央請他幫忙，而他向來也沒有讓人失望過。只是有點性急，又愛求完美，跟他一道做事的人，常得忍受他的大脾氣而略有怨言。母親同他生活了四十幾年，感受最為深切，每當她氣不過時，往年遭父親火爆苛待的事，就像留聲機一樣反覆的隨口傾洩。可是從父親得病以來，最費心辛勞的是母親；現在父親駕返仙山，最不捨的也是母親。然而以我多年的觀察，父親並不是一個忍心的人，他只是不善於表達情感而已；這只要從母親偶而微恙，他都會盡力去索取藥物給母親服用，就可以看出。也因為他心無城府，遠近的朋友都樂於跟他交往，不因為他脾氣稍爆而否定他的其他長處。這次親友都來協助料理喪事，可見父親在他們的心中還留有一份情。

朋友看到這幾年我們一家人為父親奔波勞碌，都有一點憐惜之情。那知道我們為他所盡的一切心力，永遠抵不上他為我們和整個家族賣命所流血汗的萬分之一；可以說他一個人承受了整個家族的苦難，而我們如何也回報不了。叔叔、嬸嬸、姑姑、姑丈……，不時到醫院探望父親，以金錢接濟；在喪事中又全力輔佐，所感慨的無非也是父親生平備極勞苦，冀能藉此補償一二。現今有這麼多人在悼念，諒必父親也會含笑九泉；而他在世時，辦妥了祖母的後事，也修好了祖墳，叔叔、姑姑們也都早已成家立業而枝葉繁茂，他理當更可以安心的走了。只是我們一家人少了父親可以依靠，不知道未來的日子要怎麼過。

從小到大，很少有機會跟父親聊天，也不太瞭解他做了那些事。這回他臥病在床，才點點滴滴的得知他的經歷；包括他小時候好玩被祖父鞭打成傷、懲罰仗勢欺人的同窗而博得狠角色等趣事，都是伺候於病榻期間聽到的。他每次講一點，連貫起來也頗為多采多姿。如果不是顧念他講的吃力以及擔憂病情無望回轉，我真的會著手為他寫部傳記。現在所能回憶的只有這麼一點，也夠慚愧的了！在我所見過的人中，父親的口才無疑是一流的，記憶力也極佳，難怪小時候常聽聞他在幫人家排難解紛，甚至當廟祝期間也練得善解籤詩的本領，給予信眾崇神祈福上多方的幫助；即使在他離開寺廟後，也有信眾不惜遠道跑來向他請益。父親的便捷善記和圓融完事的才能，始終是我所趕不及而暗佩於心的。

前年底，我突然想起過去小學同事鄭復典先生會穴道指壓，請他幫忙也許可以改善父親的體質。鄭先生非常好心，醫術也極高明，在他的調理下父親瘀積在體內的毒素逐漸排除，約有半年多不再嚐住院之苦。當時外甥旻儒血癌轉劇，我再商請鄭先生到醫院為他指壓，但因為併發症太多，於去年暑期終告不治，枉卻鄭先生滿腔熱忱。意外的是，父親也幾乎在同時耐不住濕熱而再度住院。這回特別嚴重，住院也特別久，我不好意思再勞煩鄭先生，僅依平日觀摩鄭先生的手法，自己為父親指壓。只是近一年來，父親都不太平順，進出醫院多次，直到這次離我們而去。

父親從插管、氣切後，大多在加護病房度過。每次去看他，他只能筆談，我也儘量利用短暫的探病時間為他指壓。但從醫院為他注射大量的鎮定劑開始，他就排斥一切的騷動，我也不便再強為他指壓。此後，我一連作了三個夢：先是夢見一條蛇鑽進我的左袖，正要將牠拖出時，牠一使勁穿過我的脊樑，從背後下襬竄出而落地消失；接著是夢見老家舊屋側有人在挖墓坑，我正想詢問要埋葬誰時，就醒來了；後是夢見去接父親出院，為他準備了前兩次短暫出院所少購買的濕潤肺部用的噴霧器，他一帶上罩口，蒼白的臉色立刻轉為酡紅，而且連聲說爽快。當第一個夢出現後，我就有不好的預感，父親真的要撇下我們了。守靈期間，我又夢見父親多次，他的病情已經解除了，只是無緣再跟他說話，聽他講古早的故事。希望他新往的世界，永遠不再有苦痛和不幸；老天要給他的磨難，就到他離開人間那一天為止。母親和我們兄弟姊妹媳婿以及其他親友，都會為他馨香禱祝。

這些年比較常陪伴父親，他也知道我一直忙於著述，每有書出版我都會告訴他，他雖然不瞭解書裏寫些什麼，但都會翻翻並且注視良久，偶而還會告知大舅。大舅也是讀書人，明白寫書的意義，自然是疼惜有加。只不過我仍不會滿意目前的一點小成績，還有些領域等著我去深耕力耨。多少個淒夜悲情已經過去了，家裏終將不再愁雲慘霧；而在我繼續筆耕之際，新增添的是對父親一份永恆的懷想。

周慶華 一九九九夏

但願能有較少遺恨的明天

師專後兩年，學校安排王秀芝老師教我們國文。王老師對我課堂上的作文頗多謬獎，還常拿我的文章去參加徵文比賽。頭一次被人讚賞，心裏原有點高興，但很快就被另一種壓力沖淡了。

在這以前，我有一段曲折而難堪的經歷，很想忘掉它，卻不意在蒙受老師的讚美中，益加深刻，以至憂念終日，不知如何是好。當時腦海中浮起的，總是發生在小學五年級的那一幕景象：學校要選拔作文選手，新來的老師還沒搞清狀況，就帶我去辦公室參加甄選。總共有二人，一個是我，一個是隔壁班同學。指導老師出了一個題目（類似復興文化與某某某的題目），要我們寫。霎時，我完全傻住了。才剛從分班過來，根本不知道有作文這回事，更別説要怎麼開頭作文了。看著對面的同學埋頭疾書，我急得汗流浹背。每有老師走過探望，我就用手肘掩住稿紙，生怕被他們發現上面完全空白，全程如坐針氈，顏面盡失。

此後，再也沒有人派我去參加作文比賽。只是那一次不愉快的經驗，如影隨形，始終揮之不去。尤其到了國中，常有作文的機會，依然苦思不得成篇，非常惱火，但也無可奈何。有一次，到一位文思敏捷而下筆千言不休的同學住處，看見兩架滿滿的課外讀物，驚訝得不能自已！原來他筆底源源不絕的材料，就是來自這裏，而我呢？到現在沒看過一份報紙，也沒看過一本課外書，就算腦筋絞盡了，也擠不出什麼東西。聯考前，聽同學的建議，背了幾篇報紙的社論，好去應考，但暗地裏還是很心虛。

上了師專，全新的生活漸次展開，見識日廣，交遊增多，發現別人都能舞文弄墨，內心舊有的痛處，又隱隱發作。為了一掃前恥，我狠心省下生活開支（甚至不惜向人借貸）買書來看；而一有空，就上圖書館或活動中心去閱讀書報雜誌，以彌補過去的荒疏。同時，我也開始寫日記，嘗試投稿，來鍛鍊文筆。不久，我的文章就在報紙和校內刊物出現了。朋友見面，免不了一番恭維。而部分師長也知道我會寫文章，言談間勗勉有加。然而，我依舊開朗不起來，胸中盡是焦慮和不安！

這時我並不怨怪過去老師沒有調教，也不後悔家窮無力購置書報，只懊惱突破不了眼前的困境。成堆的退稿，在我指間碎裂；生澀的書刊，在我眼前閃爍。到底要怎麼寫才會精彩，要怎麼讀才能理解，幾乎沒有人能告訴我。每天陪我熬夜的，除了書籍、稿紙，最多的就是困惑和煩憂。當王老師發覺我還有一點文采時，我卻深深感到汗顏，以為些許小技，何足掛齒！老師愈嘉勉，心裏就愈惶恐，不知道何時才能「撥雲霧以見天日」？雖然如此，我還是很感念王老師的厚愛。她不時的鼓勵，「逼迫」我加倍進取，以免再像過去一樣交白卷。

現在我還保留著王老師手批的文稿，不論眉批或尾批，多有溢美之詞。當然也不乏「勿杜撰新詞」、「向光明謳歌，而不向黑暗狂吠」之類的戒語。特別是後面這兩句話，常使我想起課堂上，王老師義正辭嚴的臧否人物，看似相互矛盾，其實不然。別人臧否人物，大多出於偏嗜，並且不免以揭人陰私為樂；而王老師不但謹守「無諸己而後非諸人」的原則，還能提出具有建設性的意見。這就不同於他人會流於攻訐謾罵，狀似吠犬，給人惡劣的印象。王老師常說：「我教過的學生，不希望他將來以他的老師為恥。」這句話不僅隱含了她誨人不倦可以無憾的旨意，也隱含了古來儒者傳道期以淑世的心聲。

我不敢說已經達到老師所期許的境界，但多年來發言著述，一秉師教，所求只有一個「問心無愧」，稍稍可以告慰師門。只是學問路途多艱難，在懷想老師的感喟聲外，還有一分委曲求進的辛酸，無從向人訴說，過去是如此，現在也是如此。「世上沒有一個長駐的春天，我不能尋回絢爛如春的昨日，但願能有較少遺恨的明天。」這是一次上課，王老師引來勉勵我們的話。已經默誦多次，總覺意蘊深遠。試想今天所有的努力，不正是為了使明天有較少的遺恨嗎？回顧平生種種作為，竟然只暗守著王老師這一句話，不覺莞爾！

（王秀芝教授榮退紀念文集，一九九二年九月二十八日）

杏壇也需要掌聲

這個社會變得好快，只不過十來年，一切的事物都已改頭換面，連老師的地位也一落千丈了。不說別的，我小時候只要聽到「老師」兩字，必定肅然起敬，現在的人卻能聽而不聞，甚至老師站在他面前，也能視而不見。這種幾近不可思議的轉變，曾困擾過我。最近，我想通了，在功利社會裡，老師跟小丑並無太大差異，有誰不懷著看表演的心情來受教？又有誰真心在跟老師求學問道？老師的形象已瀕臨崩潰的邊緣，想再獲得一般人的重視，恐怕很難。

●

孟子說：「人之患，在好為人師。」也許好為人師的人太多了，使得不好為人師的人有堂皇的理由漠視他們的存在，使他們變成孤立的一群。雖然有人說「老師身負著延續文化的重大使命」，但當今的社會卻不能賦給老師一個崇高的地位，反促使他的形象愈顯卑微。這樣一來，再有人以「延續文化的使命」自居，便是自我陶醉了。教書這一行，本來就是在延續文化，何必自我標榜？別人不尊重你的身分，不重視你的工作，你辯解愈多，惹來的嘲諷也愈多。依我看，擔心文化的命脈中斷，是杞人憂天，只有師道淪喪而導至倫理的破滅和風氣的澆薄，才是每個老師心中最大的憂慮。

常聽閩南人稱呼老師作「老輸」（諧音字），這使我想到現代的老師，似乎只有用「老輸」一詞來形容最妥切。因為現代的老師幾乎都無法避免跟他所面對的人事作「賭注」，既然要賭注，必定有失敗，也許連贏的機會都沒有。首先，他在一群孩子面前就是輸家。孩子會嫌他不幽默，嫌他不會講故事，嫌他太嚕嗦，嫌他規定太多功課。反過來說，他不冬烘，是個大好人，懂得幽默，善說故事，少規定作業，全讓他們「自由發展」，那他們立刻覺得寵愛在一身，以為可以跟老師稱兄道弟了，說不定還會爬到老師頭上來。他們不知道什麼叫「尊敬」，不知道什麼是「謙虛」。偶而談到兩性的生理問題，他們的反應是：「老師好色哦！」教他們去辦點事情，馬上輕佻起來，自命不凡的像卡通影片裡的科學小飛俠：「是的，艦長，一切包在我身上。」有時疏忽改錯作業，他們就得理不饒人的嚷道：「我媽說老師好笨，連錯字都看不出來！」當他們不用功，或不守秩序時，發一頓脾氣，台下不但不是鴉雀無聲，反而個個翹起嘴巴嘟噥著：「兇巴巴的，像隻母老虎！」這還不要緊，最糟糕的是在路上相遇，有的孩子不僅不跟你打招呼，甚至兩道眼光在你身上逡巡一番，發現你不是要把戲給他看後，頭一甩就揚長而去，讓你愣了老半天。我想我們的韓老先生還在世的話，一定會把他那句「師者，所以傳道、授業、解惑也」的名言，再加個按語：「反之不成，則一敗塗地！」說不定還涕泗縱橫呢！

●

其次，在孩子家長面前，老師也是輸家。他們把老師區分為「明星老師」和「差勁老師」。對於「明星老師」百般的恭維，唯恐他不肯照顧自己的小孩；對於「差勁老師」總要詆譭一番才罷休：「這個老師真差勁，我小孩老是考不及格，不知道他是怎麼教的！」還有某些自以為了不起的家長，在聯絡簿上簽名，喜歡附上幾行即興的話，如：「老師，我對你的教學很失望，小兒到現在還不會拼注音符號，你說你教學的成果在那裡？」又如：「老師，不要叫小孩養老鼠。家裡原來很乾淨，現在都是鼠糞的臭味，希望不要為了一次實驗，給我們添這麼多麻煩！」有時為了科學作品展覽，請家長協助孩子填寫說明書，經常會在繳回的原稿上看到兩行字：「老師清閑，家長代勞。」坦白一點的就說：「家長沒空，請老師自理！」這是他們自我矛盾的地方，既然不信任老師，又希望老師萬能。事實上，老師永遠萬能不了，這就註定他要在眾多家長面前變成輸家。

孩子不懂尊敬老師，家長不體諒老師，這是料想得到必然會有的現象。因為他們只在需要老師時才來求救；不需要老師時就笑他思想落伍，甚至拿他開玩笑，給他取綽號，相遇時露出邪門的眼光給他看……。當老師的人都司空見慣了，並不覺得有何稀奇。可是有些真正稀奇的事，跟老師總是脱離不了關係，實在讓人百思不解。像某地有孩子犯罪被捕，於是就有一群人追問：「他是那個學校的學生，他是那位老師教的？」害得老師天天擔心報紙上會出現熟悉的名字。還有些坐而論道的人士，開口閉口都說老師如何偉大，偶而老師揍一下孩子，他們立即改容怒喝道：「你看，這明明在戕害兒童，應該革職！」依經驗，很多孩子「不打不成器」（有的打了也不一定會成器）。萬一那天所有老師都放下教鞭，恐怕「大亂」就出現了。很奇怪，他們不關心怎樣妥當的使用教鞭，卻矢口否定教鞭的價值。不是不能否認教鞭的價值，而是在做這件事前，必須先請老師走路。至於有人喜歡揭發老師的陰私，專挑老師的毛病大作文章等事，多得不勝枚舉，直使老師大嘆難為，怎麼做都是輸家。

●

也許情況不會這樣糟透，總會有些讓他寬慰的事。比如說他的學生有幾個出人頭地了（論功勞他不見得有分），可以攀點關係，聊以向別人炫耀，表示自己一生不盡在誤人子弟。又如他在教育界待了幾十年，搞得頭禿齒危，舉步維艱，突然獲得上級頒發的一枚獎章，告訴他是最資深的教師了，這時不免得意忘形的想著那分殊榮，覺得上蒼應該再讓他年輕四十歲，好重新調教幾批人才。只要不奢望自己會是個贏家，養好脾氣，認真教書，等久了總會等到一枚象徵你誨人不倦和年華老去的獎章，那才是你真正所贏到的東西。

（大眾週刊第一六六期，一九八八年一月三十一日）

至善園半日遊

年初，就聽說故宮博物院將添外景，名為「至善園」，原想抽空造訪，一覽新勝，但迫於俗務，許久未能如願。最近心稍定，又值清秋時節，於是偕家人前往觀賞佳景。

故宮博物院聳立在外雙溪的山陬，送綠迎翠，景致宜人，一向甚得口碑，今又新築仿古庭園，供人遊憩，恐行人更趨之若鶩了。果然不出所料，剛進園門，遊客便如潮水般地往來不息。尋隙走出蜿蜒小徑，眼前豁然開朗，三池淺水依偎如勾，池畔立石大書「洗筆池」三字，始知此乃襲古而造。相傳東晉王羲之少年臨池學書，池水盡墨，後世庭園設計，於是有「洗筆池」一景，今於此遽睹，恍如與古人同在。三池以柳堤為界，兼以碧草環岸，小巧可愛。池中飼養多種錦鯉，以及數對黑白天鵝和鴛鴦等，予園景添一分生氣。稚女剛牙牙學語，乍見天鵝，猛喚「鴨鴨鴨」，且直驅欲與其戲玩。突有口哨響，駐警行色慌張的前來喝止踐踏草皮。此時才覺徑道太窄，不留意就會越過界，而遭厲責。今池水略嫌混濁，遠山近樹的倒影，不足以美化池景，又乏流水琤琮之聲，未盡視聽之娛，誠是一憾事！

上池中，有座六曲橋連接一水榭，題為「碧橋西」。水榭臨水而築，平穩寬敞，在內可翫南宋吳琚詩：「橋畔垂楊下碧溪，君家元在北橋西。來時不似人間世，日暖花香山鳥啼。」與明董其昌行書對聯「綠天贉有書經葉，碧澗疏為洗硯潭」，及徐渭的「隔岸垂楊笑語，溪荷映水新粧」；在外倚欄觀池，魚鵝悠游，綠楊垂條，波光粼粼，紛紛入眼來，真有不似在人間之感。

「碧橋西」水榭的斜對面，有一「松風閣」巍然而立。閣高兩層，雄壯典雅，四周遍植蒼松，風動松響，聞之不覺爽然若有所失。底層置灰黑色巨石，上雋有黃庭堅七言古詩「松風閣」卷；另加楹聯二對，極切合題景：一為清王寵行書「石壁煙霞迎海日，天人笙鶴下雲松」，一為何紹基篆書「迴起樓臺回水曲，直鋪金翠到山顛」。此園一景一物，都精心設計，而所題楹聯匾額，也無一字無來歷。遊客穿梭於閣內，對此楹聯似不感興趣，多視而不見，只有兩名少女手拈紙筆，搖頭晃腦在吟楹上的詩句，不識者定以為非癡即愚，大好時光不去尋幽訪勝，卻在此為那些龍飛鳳舞的文字而費心思。但我不作如此想，不論她們是否看懂楹上的對聯，必然已領悟了此地景致的優美，才對它那麼著迷。別人儘可稍作瀏覽就離去，她們卻要從詩句中再作一回味。妻好意地上前為她們解謎，我催她即早作罷，倘一語道破眼前景，她們還有什麼遐思的餘地？聽說上閣還有琴台高蠋的陳設，能發人思古之幽情。然眼看遊客絡繹不絕，興致漸減，不待登臨，便隨人潮而退。

在「松風閣」後方，林蔭深處，「蘭亭」若隱若現。這座千餘年來享負盛名的亭閣，不知有多少人為它魂牽夢繫，只因曾有一群文人雅集於此，灌濯修禊，飲酒賦詩罷了。雖古亭已杳，今亭憑臆而築，但在人的腦海中，不關亭的新舊，都能觸景生情，遙接古人的雅會。「蘭亭」前除植修竹外，還有「流觴曲水」縈迴其側。置身於此，彷彿見著昔時文人傳盃流飲的盛況。觀王羲之「蘭亭集序」載此事說：「此地有崇山峻嶺，茂林修竹；又有清流激湍，映帶左右。引以為流觴曲水，列坐其次；雖無絲竹管絃之盛，一觴一詠，亦足以暢敘幽情。」文人的閑情逸趣，千載猶存，登此亭的人，能不憶古人？

傳說中，王羲之學書，多悟自水中游鵝的姿態，而其生平也最愛鵝，其移駕觀鵝與籠鵝換經等故事，早已是千古傳誦的美談。今「至善園」中，飼有天鵝，而徑旁方頂圓柵中，也有假的白鵝，或鳴或食，或垂頸或昂首，栩栩如生，倘王氏地下有知，也當拊掌而笑了。

此外，華表「招鶴」，柳岸「聽鶯」二處，非有實景，僅聊供憑弔而已。綜觀「至善園」的設置，不只在於展現宋明庭園空靈俊秀之美，且有一番深義在。遊此園的人，於觀覽亭台樓榭、小橋流水之餘，猶能仰體古人的清風，追慕古人的雅事，進而提升自己的精神境界。正如「蘭亭」前集王羲之的行書說：「此地有崇山峻嶺，茂林修竹；是能讀三墳五典，八索九丘。」將遊賞與讀書合而為一，則怡情養性兼備，人間的佳境盡在於此。「至善園」的規模雖嫌小，然已足夠引發人的雅興。若能偷得浮生半日閑，不跟行人競遊，靜靜地在此徜徉漫步，而跟山林丘壑為伍，跟古人神會，其樂也無窮，人生夫復何求？

（大眾週刊第五〇期，一九八五年十一月九日）

此心安處是吾鄉

爬上阿里山，只想扮一名樵夫，從此跟山林為伍；走到日月潭，也想縱一葉扁舟，即刻向紅塵告別。然而，跑遍了山陬海隅，許下了無數長隱的心願，卻仍得回到市井中為應對進退而煩心，為瑣碎雜務而操勞。這種心為形役的生活，由來已久，那堪重數。

有人說我生錯了時代；有人說我妄想為羲皇上人；也有人說我不該有出世的念頭。此時我無由辯白，因為他們怎能相信我的說辭？從來沒有怨過生活所加諸我身上的種種苦痛，也未嘗冷卻了一顆用世的心。只是駭怕無止盡的喧囂，擾亂了我的精神；厭倦無謂的俗務，剝奪了我的閑暇。倘不向山水處，去討一份悠然和清靜，熙攘的人世間又豈能容我佇足張望？

起初我不過盼望「別有天地在人間」罷了，並無意擬步前人的仙跡。想張良為漢家謀畫，直到功成身退，才思與赤松子游；而我何等的卑陋，進而未為公冒石矢立汗馬功勞，退而未為私存片言隻語以慰平生，如何就此了卻塵緣，遁入山林？但人間究竟不是天上，縹緲虛無的仙境也只在雲端，而我內心所要祈求的寧靜，自然也無從獲得了。那麼當我忍受不了焦躁和憂慮時，亟於覓一處泉壤讓我歇息，尋幾隻飛鳥為我御去愁結，也算是分外的奢念？

從小就接觸家計的重擔，看膩了人間的鑽營，總想將來能謀取清高的工作，從此與世無爭，或許可彌補一點殘缺的人生。後來，雖不必再拋首露面去引車賣漿，也蒙上天垂憐倖能躋上杏壇；但倥傯的生活依舊不停，繁務仍是積累如山，心中的雜念再也難以理清了。我深深明白我為自己活著不過幾分，其餘都分給了親人和孩子，以及我所關懷的人。親人的貧苦疾痛，要我操念；孩子學習的勤快與否，須我督促；偶而路見不平，也禁不住要仗義直言；最後卻發現連為自己而活的那幾分心情，也蕩然無存了。我不知是否已經迷失於塵寰，不然怎會岸然得換了一副面目，全不像原來那想洒脱的去傲嘯山林的人。

也許這是年歲閱歷的增長，必然會有的現象吧！但心靈深處的那份渴望，隨時卻會湧上眼前來，驚醒我、警示我別再屈服於現實的環境，應讓真正的自我去天地間馳騁，展開思維的羽翼，往古來今無盡的翱翔，也隨著莊周去求得生命的具足。想到這裏，忽然擱置一切俗務，跑進深山。一來想試著再去親近山色林氣，看看是否能滌去一些憂念；二來想造訪在山上執教的朋友，問他是否能印證我的遐想。不料，朋友離開了，他也回到塵世，正為更多的孩子而忙碌。驀地，我聽見山風在嘲笑，也看到花樹在搖頭嘆息，令我赧然的疾驅下山，不敢再回首瞻望。

至此，我幡然悔悟了。自己不過是俗世中的人，怎能超脱於物外？縱使偷得浮生半日閑，到山巔水湄拾取一份幽趣，又何補於勞勞貧軀？淵明所謂「結廬在人境，而無車馬喧。問君何能爾，心遠地自偏」，莫非是為蒼生點燃的一盞心燈？在他千載後，猶瑩澈的照亮我昏黯的心室；它的餘光也深入了那些「隱於市朝」的真正隱士。我終不夠為隱士，而且無數的煩憂要接踵而來，此刻唯一能安頓自己的便是仿效淵明隨遇而安；而期能與東坡一樣，將「此心安處，便是吾鄉」常置諸心頭，以備終身省思而已。

（淡江週刊「瀛苑」，一九八五年五月六日）

車馬喧之外

五年前，我在小港服役，營舍正靠交通要道，整天車聲震耳欲聾。最難忍受某些汽車一來，有如剛滑出跑道的飛機，響聲總要持續幾分鐘，聽得人毛骨悚然；不分晝夜的處在噪音中，我竟也漸漸的泰然了。只是這些年來，每當闔上雙眼，腦裏就嗡嗡作響；連帶遇到喧鬧的場所，都會神經錯亂得幾疑已經生了大病。

●

好像有人跡的地方，就少不了音樂。它如同一股旋風，襲捲了群眾的心；到處可看到他們如痴如醉的浸淫其中，甚至瘋狂的跟著它婆娑起舞。

似乎家裏不擺一台電唱機，就跟不上時代潮流；大街小巷的店鋪不播放錄音帶，就不能招徠顧客；娛樂場內不充斥著低俗的歌聲，就無法顯示熱鬧的氣氛，而成群結伴走向野外的年輕人，不讓身邊的收音機放聲高嘩，就不能展露他們的活力。可是我們卻發現小孩越來越暴躁；年輕人越變越流氣；而老年人臉上的表情也更加的凝滯。難道是音樂不再能陶冶人的性情，不再能變化人的氣質？還是音樂走上了粗鄙的歧路，同時也誤導了人心的趨向？我很茫然！

雖然我缺乏音樂的素養，不能彈奏，也無法歌唱，但是略能分辨音樂的高雅和流俗。高雅的音樂能緩和我的情緒，能滌蕩我的心靈。流俗的音樂只會使我緊張，使我懊惱；如果還有人隨著它忸怩作態，或者狂奔亂舞，那真會令人作嘔。

我覺得沒有比天籟更美妙的音樂，也沒有比自然中蟲吟鳥叫更好聽的歌聲。聰明的人，縱能譜出優美的旋律和雄壯的樂章，卻難以比擬四時給予人感官上的豐富的饗宴。不夠聰明的人，由向壁虛構而來的粗俗的音樂格調，只合在麻木的人群中迴竄，一旦置於天地間便形拙劣，而不堪入流了。現在大家競趨時髦，而將天然的聲籟摒逐於外，是否我們正在被自己玩弄而不自知？或是甘願讓音樂來掩飾內心的空虛？我一概不得而知。

●

現在人很流行開會。只要看得見的地方，總有許多人不眠不休的聚著談論什事，而會後卻像經歷了一場辛苦的戰鬥，個個倦容滿面。

其實，這也不算是壞事。開會可以溝通意見；可以學到新知；可以讓人記起除了自己外，還有別人存在。只怕與會的人，不是來溝通意見，不是來學習新知，而是為了逞自己的口舌和揚露自己的才氣。

數數我也參加了不少的會議，卻沒有一次不感到受罪的。固然台上的人說得激昂萬分，使我暗起雞毛疙瘩，而台下的人交頭接耳的聊天，更使我如坐針氈。

我也想不通站在台上的人，為何總要顯出高人一截，只要他說幾句話，卻變成長篇的訓詞；而坐在台下的人，為何總是急躁得等不及結束，就逕自和旁人攀談起來；搞得大家不歡而散。

假如那是討論會，不但常沒有結果，還常演出火爆的場面。我懷疑人的私見一出現，就是會議失敗的時刻。我也懷疑人的心思不在會場，就是衝突的開端。更不可思議的是已經決議的案件，還有許多人公開在議論紛紛。

活在現在，既不能避免開會，又不能禁止別人喧嚷，只好裝得遲鈍些，別讓煩悶盡由自己來承受。

●

我任教的學校，難得有片刻的寧靜。有人塞住耳朵，還是抵擋不住一波又一波的聲浪。因此而患重聽的，已經不乏其人。

我告訴學生以前我念書時，教室內掉根針都聽得到聲音，他們不相信，反說我在騙人。我又告訴他們有些學校下課時都比我們上課時安靜，他們鄙薄的一笑，說道：

「那些學生一定是啞巴。」

某班級，都戴起口罩來上課，情況並沒有好轉，也們把口罩擱到下巴，照樣說話。無獨有偶，報上刊登一則趣聞，某國中老師命學生掛著奶嘴聽課，到底成效如何，不聞其詳。但是當我剛說完這些事，立即有人反應道：「老師，就算你用膠布把我們封住，還會有人說話的。」我問他什麼道理，他說：「除非不長嘴巴，要人不說話是很難的。」我糾正他的話說：「真正好學的人，只用心思而沒有時間說話；真正會說話的人，只在該說的時候才說；如果你們都不是，叫你們戴口罩啣奶嘴，又有什麼用？」

原以為這種現象只會發生在小學，那想到大學也沒有好到那裏。這幾年在夜間大學進修，最令我遺憾的便是沒有一天不受雜音的干擾。教室內有人偷偷的閑聊，教室外更有人高聲的喧嘩，而且一有空閑教室裏外混亂成一片，連要閉目養神都辦不到。這時我不禁要怨怪老天為何賜給人一張能說善道的嘴巴。

是否現代人都一樣，話說得越多，腦筋就退化得越快。不然，大家怎會以為只有要嘴皮才能表現自己？

●

在都市裏，想找一處安居，似乎愈來愈難了。

當初擇居時，毫不考慮的選中郊外的房子，心想這裏稍遠塵囂，不必擔心吸過量的廢氣，也不必煩惱有吵雜的車聲。可是搬來不久，內人開始向我抱怨：某家婦人的嗓門太太；某家的狗叫得人心慌；還有深夜中穿牆而來令人厭惡的哭鬧聲……這些我都聲見了，只是我找誰去理論？

樓下庭院前的塑膠浪板被人砸爛了，裏頭的黑狗照常吠到半夜，而主人仍然佯裝不知。樓上的婦人，每天扯著喉嚨呼兒喚侶，始終把別人當成是聾子。此外，吉他聲、鋼琴聲、洗牌聲、小孩的嬉鬧聲、大人的謾罵聲，聲聲入耳，好像從未停止過。實在使人迷惑，到底住進這裏的人，是為了逃避吵嚷的塵世？還是在此更好恣肆的胡鬧？

某天，探頭出去勸止一場無休止的交談，不料得到女人尖銳的回聲：「睡不著是你家的事，少囉嗦吧！」然後又繼續她們的爭辯。

內人最討厭樓上發出的聲響，好幾次親自跑上去理喻一番。然而那些小孩老是故態復發，一會追逐，一會摔玩具，總要弄得像大地震才罷休。一夜，內人對我咆哮道：「你是個大男人，怎不敢去叫他們不要吵鬧！」我無奈的撳了門鈴，向應門的婦人說明我的來意。她聽後，若無其事的說道：「好啦，好啦，我叫他們不要跑動。」下樓時，背後傳來婦人做作的聲音：「寶貝呀！小心玩，別吵到人哪！」誰知她那些讀國中、高中的寶貝，並不把她的話當回事，而照玩不誤。我只好告訴內人說：「我們省點力氣吧！」

●

噪音已經多得像洪水般四處泛濫，人的性靈也漸漸的被淹沒了。難道世人都害怕寂寞？不然怎聽不到譴責聲？如是這樣，我又何必處處設防，而徒惹滿腹的不快？何妨學會沈默，假想世界正在靜息，對於周遭的喧囂也就能充耳不聞了。

（大眾週刊第四期，一九八四年十二月二十二日）

黑板下的沈思

在銀行做事的朋友，一夜，來寒舍聊天，他說：「你們當老師的，實在了不起！」乍聽，略吃一驚。因為朋友從來說話不拐彎抹角，也很少恭維人，這回定是有感而發。

「你說說看，怎樣了不起？」我不動顏色的說。

「前天我大姊回來，要我帶外甥去逛街。走到百貨公司遊樂場，我拿一百元請他玩蹦蹦車，他拒絕說：『無功不受祿！』隨即解下鞋帶，從腳底摸出一張皺皺的鈔票，大模大樣的往櫃臺走。後來，帶他到冰果室小坐，替他點了一客冰淇淋，沒想到他甩甩頭，嘴裏冒出一句話：『不食嗟來之食！』說完，身子一扭就跑掉了。我以為他對吃玩沒興趣，就帶他去新公園聽音樂會，當台上的人搖晃著麥克風演唱時，他猛地站起來，邊走邊念念有詞的說：『盡是靡靡之音。唉！看來眾人皆醉，唯我獨醒！』好一副道學家的氣派！」

「這跟他的老師有什麼關係？」我半帶疑惑的追問。

「他自己承認是從老師那兒學來的呀！」

「我不相信老師會教他把錢藏在鞋裏。」我擅自替朋友作結論道：「這小孩的個性有點怪異，不但小心眼，又過分老成。當他老師的人，不會遇到麻煩，可是無意中隱私都跑進他的腦袋。」

「那你又怎樣教學生？」朋友愣著眼反問我。

「我一直在做一件別人不喜歡做的傻事。原來遇見師長視若無睹的學生，經過幾次的婉喻，看到我時不得不尷尬的點頭微笑；原來生活與倫理考滿分而做人不及格的學生，在我的嘮叨中，多少有了改善。不過，一旦走出校門，不少人立刻忘得乾乾淨淨；甚至有的在街頭相遇，突然扮出鬼臉，而後佯裝不識的從你身邊閃過。」

「這麼說來，你們更是了不起。」朋友感嘆的說：「不但要忍受學生的吵鬧，還得忍受不被人知的寂寞。」

●

當老師應該是很快樂的。在今天的工商社會裏，有那份閑情和小孩一起讀書遊戲，聽他們樸稚的笑聲，看他們玲瓏淘氣的模樣，內心有無比的快慰。別人或許常有短暫的歡樂，總不及老師長期的從孩子身上獲得的樂趣，那麼值得咀嚼和回味。

然而當老師豈僅擁有這種快樂就感到滿足？我深信每個志願踏上杏壇的人，絕不會先預期著某些回報；正如辛勤的園丁，不去遐思花開時的姹紫嫣紅，他只想到妥善的照護花木，使它們長得更茁壯、更茂盛。孟子說：「人之有道也，飽食煖衣，逸居而無教，則近於禽獸。」當老師不就是以教人自期，那有餘暇去計較什麼快樂？只是他能保有澄明的心境，無時無刻地將他的愛普施給孩子。孩子發出了歡笑，他心裏也有了慰藉。

向來很嚮往孔子和弟子討論學問，以及給予指點迷津的那種悠然醇厚的境界。他有不違如愚，退而足以發的顏回；有剛直好勇的季路；有穎悟過人的子貢；有善繼其學的曾參；也有捷給好辯的宰予。他就像一支不滅的火燭，亮光所到之處，無不欣然化育。弟子跟隨他，若葵藿傾心以向日；眾人盼望他，如百穀齊首而仰膏雨。他所留下的典範，不知有多少人起而效尤；而他那份視富貴如浮雲的淡泊胸襟，也不知予多少人明澈的啓示。如今我所以樂於忝列教育崗位，不是教育書使然，也不是先賢先哲的訓詁使然，而是深受孔子教學的熱誠和超然的懷抱的影響。倘這一生有孔子千萬分之一的成就，又有什麼好遺憾的？

●

雖不斷地自我鞭策，仍不過於苛求孩子。人生來資質不同，所處環境有差異，無法齊一他們的水準。我也沒有能耐把每塊璞玉彫琢成器，更不敢奢望孩子能善繼我志。只有盡己所知所能的教給他們，期望他們愈來愈像個人罷了。

學記上說：「今之教者，呻其佔畢，多其訊言，及于數進，而不顧其安，使人不由其誠，教人不盡其材，其施之也悖，其求之也佛。夫然，故隨其學而疾其師，苦其難而不知其益也，雖終其業，其去之必速。教之不刑，其此之由乎？」我也常以此警惕自己，不要重犯古人的毛病。孩子已知的，必設法讓他們溫故知新；孩子未知的，也必發問使他們先行探討；當他們力不能問了，方告訴他們真相。對於仍懵然不知的孩子，總不憚其煩的詳加解釋，希望他們也能同智能高的孩子領略到新知的樂趣。孔子那套「不憤不啓，不悱不發。舉一隅不以三隅反，則不復也」的教學方法，縱有其真理在，但我卻不忍看到當少數孩子得意的躍起來嚷道「我知道了」時，還有許多愁苦呆滯的臉龐。所以長期以來，不憤也啓，不悱也發，舉一不能反三也復，總是弄得心力交瘁。

所謂「善學者，師逸而功倍，又從而庸之；不善學者，師勤而功半，又從而怨之。」今天善學的孩子少如鳳毛麟角，致使師勤而少功，又徒惹無謂的怨恚。這那是當老師的在經營一番苦心後，所願看見的結局？我深知當許多因素影響孩子不能向學，而要勉強他出人頭地，是多麼的困難呵！韓昌黎說：「古之聖人，其出人也遠矣，猶且從師而問焉；今之眾人，其下聖人也亦遠矣，而恥學於師。是故聖益聖，愚愈愚，聖人之所以為聖，愚人之所以為愚，其皆出於此乎？」孩子還不曉得聖愚的真義，也沒有老成到像大人那般的恥學於師，但自摒於門牆之外，不想登堂入室的實不乏其人。這些桃李即使再多，又何補於老師對他們的憂慮？「師者，所以傳道、授業、解惑也。」我所掛心的莫非道不能傳，業不能授，無惑可解。除此，還能旁求什麼？

國民教育的目的，在教育學生成為愛國、合群、負責、守紀，咸能明禮義、知廉恥的堂堂正正的現代國民。我們多麼的寄予厚望，這些國家未來的主人翁，從小就有高尚的志願，不凡的氣質，優良的品格，以備將來適應艱困的環境，擔負千秋的事業。那知許多孩子卻迷失於知識的領域，而不知應變。他們被電視、電影，以及從海外滲入的劣等文化調教成異於常人的個性，來到學校只知跟老師討計分數，跟同學競爭高低；功利思想隱約在他們的腦海盤旋，社會上一些窳陋的習性漸漸腐蝕他們的心靈。到頭來，仍不免把老師苦口婆心的教誨，視為耳邊風。

我盡力在引導他們走出老胡同，看看外面廣大的世界。他們的聰慧，已足以懂得人情世故，怎能不嚴予約束他們變成有禮節、辨羞惡、能辭讓、知是非的人？「凡學之道，嚴師為難。師嚴，然後道尊；道尊，然後民知敬學。」孩子進入學校，不能真誠的受教，又從何建立師道的尊嚴？在他們毛躁無禮的行為裏，同時也透露了內心的空虛。只有無私的老師能慢慢地為他們填補，使他們真正感覺到無愧於天地之間而後已。那麼羞惡之心，辭讓之心，是非之心，豈不在尊師敬學中一一的獲得了？

遺憾的是老師的誨教，竟不如外界的聲色那麼易入他們的耳目；書籍上的道理，竟比不上充斥的連環圖書那麼能打動他們的心靈。才能上等的，只知埋首於書堆中，渾然遺忘還有師長朋友；才能中等的，不時賣弄小聰明，以博取老師的歡心，私下卻拿老師的話當玩笑；才能下等的，成天浸淫於玩樂，而鮮知有讀書這回事。我們的寂寞，不就在「言者諄諄」而「聽者藐藐」的境況中逐漸醞釀了嗎？

一天，我感慨萬千的責詢孩子說：「你們來學校念書到底為了什麼？」寂靜的場面倏地傳出一語：「為了應付考試！」迅速找到發話處，居然是出於那個最好學的孩子。我悚然一怔，再也無法迸出任何訓戒的話，儘讓無邊的思潮淹沒了心頭的芥蒂。驀然，我好像領悟到孩子這般難以陶鑄，是否正有一股不可抗拒的力量在阻梗？還是我們沒有全力以赴，完全改變他們的氣質？這些問題，也夠我深思一輩子了。

（師友月刊第二〇八期，一九八四年十月）

戀海的歲月

我的童年，幾乎都在海邊度過。記得父母親從礦區把我帶回石城老家時，剛要進小學，但我對於讀書遠不如對於玩水的興致大。從來沒有親近過那麼誘惑人的海景，一旦雙腳沉浸在冰涼的水裏，不僅一顆心怦怦的跳不停，更興奮得要發狂！

鄰居有許多玩伴，也是嗜水如命。我們經常背著家人的約束，偷偷潛到海邊游泳；在水裏浮不上來，就找塊木頭當憑藉，學鴨子亂蹬腳，樣子雖有點滑稽，卻很過癮，宛如會游了一般的痛快！我幾個叔叔都很善於泅水。尤其七叔，一游離岸邊，往往在幾百碼外，那裏深得可以淹沒一艘輪船，他卻不露懼色。七叔還會耍花招，站在離水面很高的凸岩上，吆喝一聲就往下縱跳，好像大石頭栽進水裏，濺起許多潔白的水花。我在旁邊已看得目瞪口呆，繼而往下探視，只見泡沫，不見人浮出來，正緊張得要喊救命時，七叔緩緩竄出水面，甩甩頭，如魚似的又溜泳到別處去，害人虛驚一場。每回觀看七叔表演絕活後，自己也有一股衝動要往下跳，但想到在淺水處就被水嗆得滿臉通紅，在那深不見底的地方，豈容我撒野？就算「海龍王」不要我，也會全身掛彩的。到頭來，只有望水興嘆！

後來，我拼命的學游水，希望媲美叔叔。到底什麼時候領悟到一點泳技，已記不大清楚了，可是身體能浮在水面的那幕情景，印象還很深刻。那是個紅霞滿天的傍晚，突然如有神助的游出數步外，內心還搞不清是怎麼回事，手腳已不聽使喚的續往前划踢。這回我驚喜得手舞足蹈，比在學校獲得獎狀還要高興。整個夜晚，心神不寧的輾轉床側，一直想到從此可以仿效別人，潛在岩壁下捉海蟹，潛入海底撿漂亮的貝殼，又可以游出海岸，向遠來的遊客炫耀……驀然，母親醒來，責怪我不睡覺，把床板弄得咯吱響。我赧然的閉上眼，假裝睡著了。母親那會知道一個人心中有了秘密，三天三夜可以不吃不睡呵！

我最要好的兩個童伴：樹琳和春富，同時也摸到了游水的方法。我練的是狗爬式；樹琳學的是水鴨式（不必手划）；春富的招式不少，有半青蛙式（游起來腰部暴起暴落），有鴕鳥式（頭栽在水裏，雙腳在空中亂劃），還有泥鰍式（專門潛在水底脫人褲子）。我們形影不離的常在海裏較量泳技，村人戲謔我們是三瘋子。有一天，放學回來，已漲潮了，我們不下水，就坐在岩石上閑聊。談到彼此的志願時，樹琳指著海平線上一艘吐煙的輪船說：

「將來我要坐大輪船到外國去。」

「我要上軍艦，開大砲！」春富說。

「你呢？」樹琳問我。

「我……」我想了半天，好不容易才想到：「跟我外祖父去捕魚。」

「捕魚？」他們對我的話頗感訝異。春富不屑的說：「那算什麼大志！」我從來沒見過真正的輪船和軍艦，怎知坐輪船和坐軍艦要做什麼？是不是像大人說的去看它們「溺尿」（他們說船進港放水叫溺尿）而引以為樂？那可毫無意思。倒不如駕條漁船，在夕陽餘暉中出海，天黑後燃起一盞燈，等待撈捕循光前來的魚兒，然後滿載而歸，像英雄般的受到港口群眾的歡呼，生活不是挺愜意麼？春富和樹琳卻指責我太小器，只想坐小船而不坐大船，簡直不可理喻。

夏天是海邊最熱鬧的時刻。我們小孩不必讀書，統統溜去海邊玩。有時跟大人爭拔海菜，撿拾貝殼；有時三五成群下海戲水，或坐在岸上垂釣。我家沒人在打魚，也很少有錢買魚，想吃魚就得動腦筋去釣。外祖父（母親的養父）跟我們住在一起，看我們餐桌上盡是淡然無味的菜蔬，經常用勞力去換魚回來佐食。那時他接近六十歲，船主仍不嫌他太老，照樣讓他出海。每天外祖父離家前，總是對我說：「孫仔，清早記得去漁港，阿公抓魚給你帶回來。」可是外祖父的船上老是空空的，連條魚兒的影子都沒有。我猜他們一定運氣不好，才捕不到魚。然而很奇怪的是，當外祖父從人叢中走出來，手上卻多了一袋魚。他提著那袋魚在我面前晃一晃，臉上露著微笑。

「阿公，」我疑惑的問：「你沒有抓到魚，怎會有魚？」

「向別人買呀！」他說：「誰說抓不到魚，就吃不了魚？」

我似懂非懂的抱著魚，跑回家。早餐上就多了一道香味四溢的魚湯。

不久，外祖父去世了，再也沒有人帶鮮魚給我們吃。看到魚就會掉口水的我，實在不能忍受這個事實，每天清晨醒來，想到的第一件事就是要去漁港等外祖父。當時我才九歲，依稀記得他要教我當水手，教我怎樣捕魚。但他突然一走，我想當漁夫的夢也破碎了。每個夏天的夜晚，海上的漁火一盞盞的躍入眼瞼，腦海就浮起外祖父的影像，不由得探首極目找尋他曾經駕過的船，雖然闃黑中辨不出船隻，但在看到一些柔和的燈光，彷彿當年外祖父向我們傳遞的訊號，我也感到無比的安慰。

在海邊，總有玩不完的遊戲。尤其當我們學會游泳的本領後，更肆無忌憚的投入大海的懷抱，只要有一副小水鏡，就能在海裏來往自如，不輸那些在海中生長的小動物。以前，看到叔叔們得意的在水中賣弄泳姿，不免替他們捏把冷汗，這時我終於也體會到他們的心情，原來是那麼刺激，那麼令人瘋狂！縱然有時為了賺零用錢，替人賣命去獵取海味，我仍覺得很愉快，從未埋怨過生活的艱苦。

那段日子，在別人看來，也許微不足道，但我確實很珍惜它。常想，如果不在幾年後隨父母親搬離家鄉，可能就成為一個道地的漁夫，而無法做更多的事；正因有機會來到這花花世界，才憬悟過去生活的磨鍊，是如今自己能吃苦耐勞的本錢。現在我不在乎沒去當漁夫，一如樹琳他們也不在乎沒機會坐大輪船和軍艦，卻在乎自己所做的事不夠多，空負一副好身軀。只是在不斷流逝的時光中，僅有童年特別值得回憶罷了。

（青年戰士報副刊，一九八四年九月十二日）

坐車的迷惘

小時候，我是一個「暈車專家」；每次坐車，不是暈得七葷八素，就是吐得不像人樣。從第一次吃到坐車的苦頭起，心裏就懷著很深的恐懼，把坐車看作比生一場大病還難受。長大後，我到台北求學，聞慣了汽車的油煙味，倒不會一上車就盡出醜相；可是另一種怕車開快的恐懼感，卻使我不時的迷惘起來！

鄉下的司機，縱然把汽車當成「飛機」來駕駛，還是很少有驚險的鏡頭。因為道路上人車稀少，除了不小心撞到電線桿外，你想看兩部車迎頭撞個稀爛的機會並不多。然而城市裏的司機就不一樣了；他們一上駕駛座，心理完全失去了屏障，競相的求快，好像一個出生入死的勇士，拚命的想殺出敵人的重圍。你看他們開車的方式會覺得心寒，何況坐在他們的車上。

每次遇到開快車的司機，我就有一種被愚弄的感覺。好像那些司機都不把乘客看在眼裏，你在旁邊急得「膀胱爆滿」（緊張時尿液增多），他卻操縱著方向盤在路上「蛇行」，把你甩得暈頭轉向。這種情形不好比擬，不過有一件事可以拿來對照：你看運豬仔的卡車，司機一開快，那些豬仔就顫巍巍的站立不安，嘴裏咿咿唔唔的好像在抗議；可是那個得意的司機，怎會聽得出那是豬仔的「哀鳴」？有些司機的態度，不就像卡車司機對豬仔的態度一樣？

大約八年前，我在台北中華路一家電鍍工廠工讀。老闆總是要我當他送貨時的助手，每次外出，車子就到處跑，而且像趕場似的沒有一點休息的時間。老闆年紀輕，喜歡開快車，又有菸和檳榔不離嘴的習慣。我坐在他旁邊，感到冷汗直流（那時候是大熱天）；他嘴嚼著檳榔，叼著菸枝，神情自若的駕著車在路上穿梭。他每點一次菸，我就替他緊張一次，很駭怕車子會像飛盤飛了出去，或者像蛋糕栽在石堆裏。還好直到我離開的那一天，仍然沒有發生車禍。可是我覺得很迷惘，為了賺一點零用錢（他給我的工資一天五十元），就把生命交給別人，是不是值得？

後來，我到南部服兵役，每個月有兩三天假，要回家的時候，往往買不到車票，只好去搭「野雞車」。「野雞車」的司機，都自命是一流的司機，所以開起車來好像在天空飛一樣。不僅車速快的驚人，而且在路上「搖頭擺尾」（就是「蛇行」）的姿態，會讓人誤以為在坐「空中飛車」，嚇得面色慘白！原來，他所謂「一流的技術」，就是把人帶到「高處不勝寒」（心悸嘛）的境界！幾次後，我不敢再上「野雞車」，而改搭票價昂貴的「國光號」。不過，有一次在電視新聞中看到一輛「國光號」車，被撞而起火燃燒的慘狀，我又感到迷惘了。連那開得最平穩的「國光號」，都會遭到「車禍」，還有那一種車子能倖免？

有時候，我會這樣告訴自己：既然上了車，就信任司機吧，他不是亡命徒，他會好好的開車。但是當許多怵目驚心的車禍，出現在我眼前後，怎麼也壓抑不住急湧上來的悚悸！我想現代人是不是已經失去了知覺？不然為什麼有那麼多人仍在玩「飛車遊戲」（十次車禍九次快）？連帶的有一些無辜的人，也受到無妄的災殃！這樣下去，誰還能安心的坐在車上？

我說了這些駭怕坐車的經歷，不是我貪生怕死。看看那些在車禍中喪生的人，他們不是不怕死，而是死得不得其所。如果他們重新活過來，你問他怕不怕死，想必不會回答你「不怕死」。我的疑慮，我的迷惘，都是有感於許多人不珍惜生命，輕易的把自己交給死神，多麼不值得呵！

（中華日報副刊，一九八二年八月十日）

漁光去來

在繁華的都市住久了，常會覺得自己的靈性逐漸地消逝在五丈紅塵裏。有時想想，真有幾分的惶惑，人生怎會這麼忙碌，沒有一點餘暇來審視自己，更沒有工夫去理會心靈的渴欲。偶而回想小時候鄉居的生活，是那麼的恬淡和愜意，就禁不住要怨怪歲月不居，不讓我在鄉下多滯留些日子。但那已是遙遠的往事了，無論如何再也不可能重過那種不食人間煙火的生活。

不久前，我去了一趟坪林，到老友服務的漁光國小。眼看幽靜的千山萬壑，浮湧出一片迷人的蒼綠，細聽潺潺溪流聲，悠悠的在山谷中迴盪……諸般的景象，又喚起我內心的那層欲念。我遲遲的不敢相信，竟會來到這個似曾相識的地方。我對它傾抒了我的愛戀，也使我的性靈再度的甦活過來。

漁光，位於坪林大舌湖，地勢偏高，只有一條崎嶇的石子路跟平地相通。居民長年的匿處在深山中，以種茶為業，遠離喧囂的世界。也許他們真正是一群自甘淡泊的人，天賦就有一種樂天知命的人生觀；如果不是那樣，他們又怎能度過漫長而寂寥的歲月？

老友曾幾次來信相邀，希望我到山上小住幾天，嚐受山中的生活，並替他捕捉青山綠水的蹤影。我不但羈延未去，連一枝筆也越擱越鈍了，實在很對不住他。他也是來自紅塵的人，但他很快的就愛上這個地方。當寒暑更替，歲末凍冷時，他慨然的說：「山中無曆日，寒盡不知年。」在這個與世幾近隔絕的村落裏，誰會去為毫無意義的歲序而掛懷？當我到了山上，才體會人間的愁煩，都是為了一個「爭」字。

沒有來漁光前，我常遙想著這裏的風光，有時還會兀自神遊一番。去年冬天，老友來信說：「前些日子天寒地凍。早上起來，屋外一片雪白，原來下了一層霜。太陽一照，再化為水氣。水氣緩緩而升，甚為壯觀。」我一時衝動，幾乎要動身前往；可是被俗務纏住，無法分身去觀賞盛景，感到很遺憾！老友又說：「近幾天，難得放晴，與同事共同尋幽訪勝，盡挑人煙稀少的小道行走，結果發現了不少令人舒暢的好地方。」平生未見白霜，但聽老友這樣描繪，彷如已看到那一片清麗純白的霜顏，且深映入腦海，不易拭去。更使我歆羨的是他們隨時可結伴而遊；不論羊腸小徑，或山巔溪畔，任其徜徉放歌，任其笑語洋溢。老友愈是說得殷勤，就愈增加我的遐思。最後，我發了誓言般的對他說：「我一定會去一趟。」

過了一個櫻花盛開的春季，也過了一個炎熱的長夏，我依然沒有成行。這時，老友下山了。他像許多人一樣，想到凡塵中來一展抱負。固然那裏的孩子們需要他，他也深愛著他們；但他知道遲早要離開那裏，還有很多事情等待他去做。於是他黯然的踏上了歸途。

秋天來了，嘶嘶的蟬鳴帶來淒清的氣氛，我仍沒有忘記許願要去的地方。這時節正是野遊的好時候，錯過了時令，不知道是否還有餘興前往山上，倒不如趁現在就去吧！

臨時擇了一個假日，邀了幾名友伴，就上山來了。那天不是晴朗的天氣，天空還飄著細細的雨絲，灰灰的雲霧遮住亮麗的陽光，使得群山更加的沉靜。我們騎車循山路而上，時而眼見凸丘擋途，時而豁然開朗，時而隱身於蜿蜒斜陡的山谷裏。直到漁光在望了，大家才鬆口氣，驚險的路程已經過去了。

這回上山，大家只是乘興而來，並未通知任何人，可是竟意外的跟老友相逢了。老友戴副眼鏡，端著報紙，站在教室門口。我老遠的喊著他：

「老楊！」

「啊！怎麼是你們？」

老友堆著笑容，直趨過來。一時驚喜，眉飛色舞的大嚷：

「今天出門前，我就有預感，好像將要發生什麼事似的，沒想到竟是你們來了。」

他也是剛上山，來代人值日。我們能在此地相逢，的確是一種冥冥中的巧合，大家顯得特別高興。

校舍裏沒有其他人。老友帶領我們參觀他們的校園。這是一座「迷你」的學校，全校只有六班，八十餘名學生。校舍依山而築，空地極少，設備頗為簡單。然而校園內花木扶疏，綠意盎然，許多花也都開了；彷彿在默然的群山中，掀起一場熱鬧的花會，讓天風雨露來為它們喝采！

老友一一的告訴我們這裏的一草一木，大都是他們親自栽植的。從他昂奮的神采中，我看出了那宛如是一個母親的驕傲；她對於自己孩子的鍾愛，是從來不會矯飾的。老友照護這些花木，也像他看顧那群孩子一樣，只有注入無私的愛心，而不奢望它們能帶來滿園的芬芳。事實上，他的愛心已滋養了花卉的生命，終有一天會出現燦爛的景象。

記得去年仲秋，蔣總統蒞臨漁光視察，對於這些在深山中作育英才的教師們，稱讚不已。他們不只默默的耕耘，奉獻他們的心力才學，還有一種怡然恢闊的襟懷，使他們在遠離塵寰而不覺得孤寂。好友得意的說：「這裏除去物質條件不說，同事間的和諧，師生間的濃厚感情，當地居民的親睦，以及優美的環境，我覺得就像天堂一樣。」我深信他們已獲得人間的至樂；而這種快樂完全是緣自他們對於教育的熱忱和抱負。我不由得遐想著在這一方小天地中，他們和孩子們一起讀書、唱歌、遊戲……那是怎樣的一幅圖畫？莫非就是天堂的情景？

老友在這裏服務一年，他為孩子買書訂報，建立一個小圖書室。課餘教他們彈吉他唱歌，或到野地教他們求生的技能。現在教室雖是空著，但我隱約的聽到他們琅琅的讀書聲，宛轉流涵的歌唱聲，還有諄諄的囑咐和噓寒問暖的聲音……。

「這裏的孩子憨純得可愛，」老友意味深長的說，「有一次在上社會課，談到有關我們少棒揚威世界的事情，沒有一個小孩看過棒球，我們在講台上比手劃腳，他們仍是感到滿頭霧水，恰好那時電視上正在轉播遠東區青少棒賽，老趙（也是我同窗）就集合全校學生，在電視機前講解棒球賽。最後，他問孩子：『投球的人，叫投手；那接球的人，叫做什麼？』孩子興奮的回答說：『叫接手。』老趙有點洩氣的告訴他們：『那叫捕手！』」

有人忍不住笑了出來。我忽然聯想到孔夫子說過的話：「不憤不啓，不悱不發，舉一隅不以三隅反，則不復也。」我們所接觸的孩子，十之八九，都沈迷於玩樂，鮮能自動向學的。倘稍有疏忽，或不隨時鞭策他們上進，他們就沈淪得更快。於是對於那些不憤不悱的孩子，更得苦口婆心的教導他們；對於舉一隅不以三隅反的孩子，也要循循善誘的啓發他們。我深深的佩服這些在深山中栽培幼苗的園丁們，因環境的僻陋，更使他們體會到把一個無知的孩子，帶領到有知的世界，是多麼的艱難。只有靠著無倦無怠的精神，誘導他們走向正確的人生大道。

靜靜的校園裏，沒有一點聲息，連山風也停在樹梢了似的。我走過每一處種著花木的地方，俯首端視那些綻放的花容，細細咀嚼老友的話，竟不自覺的發出由衷的讚嘆：啊！這些開放在深山的花，不正像一個個強韌的生命嗎？它們那軒昂的姿態，不正是在這裏的人不向命運低頭的寫照嗎？

在霏雨還未再落下前，老友領著我們到虎寮溪去。山上雨量多，一年中下雨的日子，遠比晴朗的日子多。老友說，在這裏很難得看到陽光，只要太陽一出現，大家都欣喜若狂，紛紛的跑出室外；一會兒洗被套，一會兒晾衣服，一會兒跑到高處晒太陽。他們說這是上天賜給他們最快樂的日子。聽完這席話，我仰首看看天空，濛濛的雲霧還徘徊不去，有時從這山頭瀰漫過那山頭，每一座山都像披上一層夢樣的薄紗。我們雙腳踩著泥濕的小徑，兩眼不住瀏覽四周的景物，感到無比的暢懷。看那蒼翠的樹林，爬過山谷，又爬上高聳的峭壁，終於在山頂排列成一堵堵綠色的屏風。如果這裏的雨有知，那麼它一定會眷戀這裏的綠樹，眷戀這裏幽靜的土地和悠閑的人們。

我們如雀躍般的踏過生長著青草的小路。小路旁是一條響著淙淙水聲的小溪，還有沿路綻開的野薑花，恣肆的放出濃郁的芳香。我們一邊如癡如醉，一邊囈語般的發出讚美的聲音。有人一路唱著山歌，配著輕盈的步伐，宛如一串跳躍的音符，為這山谷帶來比綠更青春的氣息。當大家引吭高歌時，原在叢林中孤絕的響著的蟬鳴，似乎在迎迓我們，也唱出更嘹亮的歌聲。連一些村老孩童，都遠遠的佇視愕然。我們是一群不速之客，騷擾了山上的寧靜。

到達虎寮溪畔時，老友指著一彎如潭的溪水，對我們說：「哪！那就是我們的天然游泳池。」

老友屢次提到這裏的景色，我早已嚮往不已，今能一睹真面目，果然美得如仙境。虎寮溪流經這裏，形成一個大迴旋，緩流處蓄水頗深，便於垂釣，也便於泅水。且水清澈見底，經常有成群的白鷺駐足溪側，更宜於觀賞。適時有一群小鴨結隊滑遊而過，泛起的波紋，如漂亮的錦綢，向兩邊擴散。隨著鴨群揚長而去，水面又恢復了平靜。這一幕情景，太使人沈醉了。真希望自己是一隻鴨子，永遠住在這清靜無嘩的水鄉，把凡世的苦惱，留給流雲和清風。

大家猶沈湎在夢境中，細雨又漫天的洒下來，黃昏緊接著也來了。為了趕在天暗前下山，我們不得不告別，獨留老友在山上。

離開漁光後，我又日日思念著它，像思念我的家鄉。我想只有在這個沒有塵煙的地方，生活才是一種享受。不知道青山能留住多少旅人的足痕，在我心中卻留住了青山的聲音。有一天，我還會循著這個聲音來尋找它。

（青年戰士報副刊，一九八一年十一月二十二日）

書緣

人生有許多的機緣。這些機緣，有的如曇花一現，失而不可復得；有的如日月光輝，永遠影響著你。

今天我能無拘無束的讀我喜歡讀的書，能自由自在的研究我喜歡研究的學術，這都要歸於「機緣」兩個字。我一直相信這個機緣是父母親賜給我的，也是上蒼冥冥中的安排。所以我很珍惜它，像珍惜我的生命一樣。

廿幾年前，我還在牙牙學語時，父母親就帶著我到處流浪。我們走過一個礦場，又一個礦場，我所看到的只是那些古老的礦場，以及一群群滿臉風霜的工人。直到我入學了，父親才把我送回家鄉，他自己一個人掙錢去了。家鄉是一個偏僻的小漁村，幾乎沒有一戶書香門第。大家經年累月在海上討生活，除了練就一副強健的體魄，腦海裏從來裝不下一冊書的書名。我雖在學校跟著老師讀書習字，但學得的只限於課內的知識，還不知道外面的世界有多麼廣闊。又往往在沒人督導時，染上浮蕩的習性，整天沈迷在海邊，遊玩嬉戲，讓歲月悄悄的流逝。那時候，我全然不知人生是怎麼一回事，心裏所想的只不過是像許多人一樣，當一輩子的漁夫，或者像村老守著幾分薄田，世世代代當個莊稼人。

日子過得很快，幾年後的一天，我們為了生活，不得不離開家鄉，到一個完全陌生的小鎮。父親仍然去礦坑挖煤，母親和我就在市場的一隅零售果菜，偶而也到別的地方做做小工。那時候，我根本沒有懷過什麼遠大的志向，也不知道人生應該有什麼理想，只曉得現實的生活像一張網，把我們束縛得幾乎喘不過氣來。我請求父母親讓我捨棄學業，專心的去賺錢。可是他們不肯我那麼做，反要我徹底的斷了那個念頭。我明白父母親的心意，他們幼小失學，才落得今天這般地步，假使我不讀書，也許不會比父母親強過多少。於是奉著親命，我修完了國中的課程。在那三年中，我只認得一本本的參考書，宛如一隻瘋狂的書蠹，日夜不休的在書堆中爬來爬去。老師們一直激勵著我們往高處爬，他們替我們著急，擔心我們邁不過聯考那一關。父母親雖沒有硬要我考什麼學校，但也料想得到他們有很大的期望。我不能失敗，也不能半途而廢。那一陣子，我的心像繃緊的弦，片刻也不敢鬆弛。

當我僥倖的考上師校後，父母親興奮得在親友間奔走相告，我卻暗自感到難為情。因對前途的選擇，我始終沒有認真的考慮過，現在要去面對一個「教育的環境」，深深覺得惶恐。經過一番心裏的折騰，最後我懷著眾望，踏上旅途，決定去當一名培育民族幼苗的園丁。那時候，受到新環境的刺激，我的思想觀念開始大幅度的轉變；想到過去的膚淺和迷惘，都是緣於無知，由於無知使我虛度了十幾年的光陰。現在如夢初醒，一邊揉著惺忪睡眼，一邊急著尋找人生的新方向。於是我把自己投進了「書海」讓心靈先有個寄托。在書海中，果然找到了真正的「自我」。

來師校以前，鄉野的僻陋，禁錮了我的思想，課外書籍的缺乏，更使我無從找到知識的門檻。到了師校以後，看到如汗牛充棟的書籍，聽到源源不絕的琴韻書聲，我的一顆心，頓時被震盪得亂了方寸，情緒也變得極端的複雜；有對新環境認知的喜悅，也有「驀然回首」的懊喪！就在那一段期間，我痛下決心要覽盡群書，縱使窮畢生之力，也在所不惜。這雖是狂妄的奢想，但當時我確實有很深刻的覺悟。

剛開始，我看一些修養心性的勵志書籍，逐漸發現文學的殿堂，蘊含著無窮的智慧和生命的光輝，於是不由自主的走了進去。那是一個花團錦簇的世界，也是一個百態人生的世界，我小心翼翼的置身在那個天地中。有時候必須為新的事物沈思，有時候必須探測新奇的蹊徑，也有時候會在一番小憬悟中陶然忘我。從此，我對於生活有了另一層的體認，對於人際關係也瞭解得更透徹。這時我才真正懂得珍惜生命，人生的意義也慢慢在我心中孕育成熟。

師校的教育側重啓發，以及培養研究的精神。在我的感覺上，沒有什麼功課壓力，大家都可任憑自己的意志，去研究自己喜歡研究的學問。平時除盡力充實教學的技能，每個人都會拚命學得一項專長，給生命增添光彩。然而我卻迷上文學，連一項技能也沒有學成。雖然如此，我並沒有後悔，反而在文學的天地中沈浸愈久，愈覺心安理得。每一部文學書籍，就像片段的人生一樣，讀著它，仿如親身經歷著一段人生的境地，更可獲得豐富的生命的滋養。它使我不再感到貧乏和徬徨，我有信心要在文學中尋找人生的理想。

除文學的書外，其他門類的書，我也喜歡閱讀。如不嚴格的劃分，就沒有什麼文學不文學的書；任何書籍，我都會以真善美的眼光去看它。只要它能帶給我一點哲理的啓迪，或者能充實我的學識，那些書都會使我愛不釋卷。以往我常嗟嘆命運乖舛，常躲在暗處自怨自艾；現在書填滿了我空虛的心房，使我對人生充滿著希望。我愛這個有情的世界，也感謝這個有情的世界賜給我的一切。

從踏出校門以來，我更勤於買書和看書。一方面基於工作上的需要，一方面沒有功課的負擔，可隨心所欲的去涉獵各種的知識。漸漸地我發覺自己不能有一天離開書籍，似乎只有在書中才能找到恆久的快樂。尤其當跟我在一起的孩子們也變得喜歡看書時，內心的興奮，真是比自己沈醉在書中還要久些。我常告訴他們，我在他們這種年紀，從來沒有聽說有什麼課外讀物，更沒有看過一本課外讀物的影子，現在書如沙石，即使你不想看，別人也會把書送上門來。這時他們就會疑惑的問我，說：

「老師，那時候的大人都不買書給你們看嗎？」

「以前的人比較窮。」我解釋著說：「大家都買不起書，即使有錢，他們也不知道去買書。」

聽完我的說明，他們如釋重負般的輕嘆口氣：

「噢，可能那時候的人比較笨的關係。」

我笑笑的說：

「不是他們笨，是你們太幸福了。」

孩子們都在溫室中長大，他們絕想不透困苦的生活是怎麼樣子，居住在窮鄉僻壤的人，又是愚昧到怎樣程度。不過，這些都已經過去了，我不要孩子們去費思，只要他們懂得珍惜自己的幸福，趁早多讀書，我就滿心歡喜了。

細數著這些往事，更堅定了我的信念。在這個浩瀚的書海裏，我永遠會划著一葉扁舟，四處去尋求新知，直到我的生命枯竭了，我還會留著很深的懷念而去。

（青年戰士報副刊，一九八一年六月十日）

那段坐單車的日子

小時候，家裏實在很窮，不但食桌上難得見到魚肉，連最起碼代步的交通工具都沒有。當時只要誰家擁有一輛腳踏車，都會被我們視為豪富，而暗中羨慕不已。夜間作夢，也常夢到自己昂揚的騎著腳踏車，飛馳在廣闊的原野上。然而那份傲然的神采，待醒來後，卻消逝得無影無蹤。

我們的村子，距離學校約有半小時的步程，有錢的人，搭乘火車只要幾分鐘就到了，我們沒有錢，只好趕在朝陽升起之前，步行去上學。當時沿路幾乎呈現著半荒涼的狀態，尤其有一座大墳場靠近路邊，如是我一個人經過那裏，兩眼絕對不敢斜視，而且心驚膽跳，連跑步的勇氣都使不出來。記得有一次跟同伴約好，要一起走路回家，但在放學後，他們卻背著我逕去搭車，只賸我孤單的走在路上。我愈走愈膽寒，雖是大熱天，卻猛冒冷汗。不久，遠遠聽到火車的鳴笛，我轉過頭望向鐵軌的方向，一輛火車正飛快的駛過。當我瞥見車窗上幾隻向我揮動的小手時，眼淚已止不住的滾落在胸前。經過墳場時，又因過度的驚恐，差點不敢跨步往前走。最後在極度的心悸中，勉強走過了那段路。

往後，仍然走路去學校，我絲毫也不敢跟家人提起內心的駭怕，不然他們會說：你擔心什麼，大白天不會有鬼怪！可是每次聽他們講鬼故事，他們都繪影繪聲的使人毛骨悚然。這樣走路上學，持續了好長一段日子。等到家境稍為轉好時，才能坐坐火車。

沒有多久，家內又告經濟拮据，買不起定期車票，只好每天又跟太陽競賽誰先上路。就在那時候，我遇到一個好機運，鄰居的王伯伯騎車要載我上學。王伯伯靠捕捉野味維生，經常出入深山狹谷，他唯一的交通工具，就是那輛舊腳踏車。當時他每天要經過學校，去很遠的地方工作，便順道載我一程。

王伯伯的兒子樹琳，跟我同班，此時也改乘坐他父親的單車。每天一大早，王伯伯就催我們上路，往往天空還昏黑不清，我們的腳步聲就先叩響沈寂的馬路。等我們走過一道彎陡的坡路，王伯伯就停住車子，讓我們爬上去。每次王伯伯都教樹琳坐在前面的鐵槓上，而讓出較寬的後座給我坐。當單車滑過墳場中間那段斜坡時，我心裏好得意，竟肆無忌憚的覷著兩旁像野獸盤固著的墳丘，再也沒有一點懼意。

王伯伯沈默寡言，從來不對我們疾言厲色。每次載我們上學，也很少開口說話，頂多在到達學校時，微笑的說一聲：下車吧！我們都望著他的單車，隱沒在馬路的盡頭時，才姍姍的踱進教室。

不管晴雨冷熱，王伯伯都不厭其煩的載我們去學校。坐在他的車上，我總愛欣賞他那不疾不徐的姿態，而在他沈穩的踩著踏板時，我感覺到多麼的快慰，真想對他說些感激的話。

除了捕捉野味，王伯伯還到處尋採名花，來賣給城市的顧客。有時看他扛著山貂回家，背袋裏還帶著幾株名貴的蘭花；有時也看到他的車上繫著一捆捆絢麗的百合花。這些東西經過他悉心的裝飾，都可成為上好的花品。王伯伯也鼓勵我們利用假日上山摘花，賺點錢零用。每逢假日和樹琳去比賽摘花。只要足跡所到，一切野花盡納入囊袋中。當我們灰頭灰臉的帶著這些勝利品回到王家時，王伯伯卻失色的嚷道：

「啊！花還小，你們就把它摘回來，會絕種喲！」

看著王伯伯發出嘆息聲後的面龐，突然間發出許多皺紋來，我整個人怔怔的失去了知覺。我們只想到明天要去郊遊，希望多買幾塊麵包，而沒想到這些無辜的野花，會一一的斷送在我們的手中。

我沮喪的回家去。不知是感傷，還是懊悔，竟徹夜睡不著覺。隔天起床，我背著一個裝了塊鹹豬肉和幾片蘿蔔乾的便當，心情沈重的走到王家去。王伯母看見我，欣喜的說：

「你明仔伯說，你們摘的花雖然小，但是一部分還可以寄出去。」

王伯母從衣袋裏掏出幾個零錢，塞在我的手上。

「哪，你明仔伯給你的，拿去吧！」

我正想推辭，王伯母立刻按住我，她說：

「阿馗（樹琳的乳名）也一樣，這是你們該得到的報酬。」

我們走出門口時，王伯伯已把單車推到馬路上。我沒有看清楚他的表情，一會兒就上了坡道。王伯伯依舊悠然踩著踏板，讓車子緩緩的滑過那條碎石路。我突然覺得無比的暢快，宛如已登上一座山峰，盡情的瀏覽四周美麗的景物。

不知過了多少日子，我們不再走路，也不再坐單車，而改搭乘火車上下學。只要我們願意，隨時都可以乘坐快速而舒適的火車，到遠一點的地方去旅行，這在以前是絕對夢想不到的事情。可是我還在依戀那段坐單車的日子，彷彿每天我還坐在王伯伯的車後，怡然的觀賞著沿路的風景，而讓陽光在背後窮追趕著我們……。

如今，事隔十多年了，這件事猶鮮明的烙在我的腦裏，使我不時的想把記憶拉回去，希望再度親臨當初的情景。然而那條印滿我們足跡的碎石路，已嬗變成寬敞的柏油路，王伯伯那輛舊腳踏車也疾沒了。

去年回家鄉，遇到王伯伯。他的頭髮多出一層霜白，臉部變得更黝黑，一條條的皺紋也更明顯了。我進去他家小坐，王伯母還興致勃勃的對我說一個我已遺忘的小笑話。

「當時呀，你到我們家來，看到一對火雞在『發怒』，就大聲的嚷起來：明仔！明仔！你家的火雞在打架……。」

聽到王伯母的笑話，我羞赧的笑了。王伯伯也露出一排閃亮的金牙，呵呵的笑出聲音來。告辭後，我才想起從我懂事開始，王伯母這個笑話已對我說過好幾遍了。

（青年戰士報副刊，一九八一年五月二十二日）

槍・棉被・草綠服

經過兩年的軍旅生活後，即刻投入繁忙的工作，原有的一點靈敏的記憶，都被磨失了。只有幾件印象較深刻的往事，還留在腦海裏。當夜夢頻仍時，它們偶而也會像彗星一樣的出現，把我從重重的夢境裏驚醒。

有一張全副武裝的彩色照片，還夾在我的相簿內，不久前我把它端在眼前細瞧一番，才發覺自己竟然擺了一個那麼瀟洒的姿勢：一枝槍斜端在胸前，腰帶被一只水壺吊歪了一邊，鋼盔下還有一張含情脈脈的臉龐。我不大敢相信那就是我自己，似乎一個軍人的氣概，就在那抹微笑中飄散殆盡。當么弟從背後拋來一句「那個阿兵哥好像摩特兒」時，我忍不住笑出來了。

依稀記得在成功嶺受訓時，每當我們軟趴趴的握著一枝沈重的步槍，教育班長就會來一頓「精神訓話」。他要我們把槍握得牢實，就像前面走來一個敵人，隨時都要準備跟他拚命。我們去教練場做射擊預習，平舉槍枝支持不到幾分鐘，教育班長看不過去，就將鋼盔掛在我們的槍管上。他說：「這是訓練你看到敵人時，不會發抖而忘了扣板機，還可以百發百中。」我們咬緊牙關的硬撐下去，奈何兩手不聽使喚，鋼盔一個個的滾到泥塵去。我瞥見教育班長的神色黯然，湧到喉頭的話又使勁的嚥下去。

爾後，我每看到槍枝，總有一股激昂的情緒在胸中洶湧。彷彿自己是一個即將奔赴戰場的人，全仰賴著它護衛這個苦難的國家。

除了槍，棉被也是我們的「寵物」。每天我們要耐心的伺候它，將它整理得服服貼貼，少讓教育班長嘀咕，或者頂著棉被到炎熱的太陽下出「棉被操」。教育班長要求我們疊出來的棉被要像豆腐一樣方方正正，還要疊出十二個稜角，廿條稜線。也許我的運氣欠佳，老是分配到像發酵的饅頭那樣飽脹的棉被，而一直疊不成豆腐狀，稜角和稜線也都走了樣。在出棉被操時，我不敢向別人透露自己在學校曾疊過幾年的棉被，不然又要成為笑柄。

後來，去憲校受預官訓，又分配到一條腫胖的棉被。分隊長巡視內務時，總會在我的床前多停留一會兒。只要他多瞧幾眼，我就知道中午又得去寢室的走道和棉被「相親」一番。起初分隊長命令我們端著棉被，俯首懺悔；不久不知誰出了奇招，逕自念起聲音來，分隊長知曉後，就把內容傳念。從此，我們就得跟他一樣，抱著棉被自言自語：「親愛的棉被，我對不起你，請你原諒我，今後我一定好好服侍你。」

下部隊後，很少再疊過棉被，可是念了幾個月的「棉被經」一直還在耳旁迴響，連做夢都會夢見自己滿頭大汗的整理一床棉被。我想這一生中，大概就屬那件「棉被」最難伺候了。

在軍旅中，草綠服是人人都喜歡的。似乎只有像草綠服這種東西，穿在身上才不會覺得彆扭。即使沾滿汗漬，也不會讓人感到難聞。

我穿草綠服都愛挑寬鬆的穿。由於它耐磨又能吸汗，縱使磨破一大塊，拉拉縫縫，穿起來仍很舒服。夏天時候，若被汗水濡濕了，只要擰一擰，然後再穿上，也頗方便。在成功嶺受訓時，有一次在山坡處滾進了十幾公尺，用槍支起時，頭暈目眩，又撲倒數次，最後發現穿在身上的草綠服，裹滿汗水和泥巴。我想那副樣子一定很難看。不意教育班長卻走過來，拍拍我的肩膀說：「這才像一個軍人！」當他走開時，我的心裏漾起好深的笑意，看著一身骯髒的衣服，竟得意的自豪起來。

兩年後，我變成一個正式的軍人，在無數次的操練中，只有草綠服給我最真實的感覺。無論日晒雨淋，或者翻滾攀爬，那套草綠服始終激勵出我的勇氣和毅力，使我順利的通過一關一關的考驗。

如今，遠離了草綠服，曾經擁有過的那股「永不屈服」的傲氣，逐漸淡沒了。當一根根的白色粉筆代替著槍枝，再也無暇去回味當年「豪氣干雲」的事情。只有伴在身旁的一件棉被，不時喚起我的回憶，暗地為過去那種多采多姿的生活朗笑幾聲。我知道，待將來再披起征衣，執起槍枝時，我們不可能再把歡笑聲帶上戰場，也不會再在一場殊死戰中去搶拍一個滑稽的鏡頭。

（青年戰士報副刊，一九八一年二月二十一日）

童年在海邊

石城，是我的家鄉。它後依偉岸的山巒，前臨浩瀚的大海，是個典型的小漁村。在這一塊狹隘的土地上，沒有豐富的物產，也沒有任何的文物遺跡，只有純樸得近於原始的民風。村民大多以捕魚為業，生活非常清苦。在現代文明還未進入這個地方前，那種靜謐而安詳的景象，讓人感覺整個漁村彷彿沈浸在亙古的夢境裏，永遠像一個微帶酣醉的人，呈露著淒濛的面貌。

我在這個夢境裏，度過了一個漫長而充滿苦樂的童年。雖然當時對於夢境的感受，遠不如現實生活那般深刻，但是在離開家鄉之後，因緬懷過去夢樣的情境，而泛起的思鄉的愁緒，卻一年深似一年。偶而返鄉一次，禁不住要去尋覓童年的蹤跡，或者躑躅海邊，從潮漲潮落中，捕捉昔日的影子，我無法忘記在那片迤邐的海岸上，有取之不盡的物質，自己就在那種得天獨厚裏，啓開了童年的序幕。

最初看到大人們在生活中無止境的消磨他們的歲月，我還不會想像隱匿在他們內心的辛酸。漸漸地，生活的困境像浪濤一波波逼近我們的眼前時，我開始瞿然驚醒，盡是玩樂已不能滿足我們的需要，而得仿效大人們胼手胝足去揭開生活的窮困。於是我們經常成群結伴，步下海隅，去獵取海味，去擷取海藻。印象最深的，莫過於採石花菜。每臨盛產石花菜的夏季，幾乎全村的人都會到海邊去採石花菜。不論日曬多麼炎熱，放眼望去，沿岸總是遍佈著男女老幼來來往往的影子，大家都趕在漲潮之前，搶拔黏附在岩石上的石花菜。善於潛水的人，都在近岸的海底採拔，往往比在岸上的人收穫得多。我們將採來的石花菜，鋪在陽光下曬乾後，便有人來收購。聽收購的人說，他把石花菜轉賣給別人做「洋菜」，還告訴我們做「洋菜」的方法。可是我們採來的石花菜，捨不得把它煮製成洋菜，都賣給來收購的人，我們小孩子的零用錢，也全靠採石花菜來供給。

石花菜的季節甚短，在漫長的夏天裏，我們得想出許多遊戲，來充實沒有採石花菜的日子。我們隨時可以扛著自製的釣具，到海岸上坐一個下午，也隨時可以夥伴到淺水處戲水。當我們學了一點泳技後，更膽敢向大海挑戰，像初生之犢，毫無畏懼。在那麼多遊戲中，最有趣的是沿著長滿海藻的岩壁捕捉海蟹，和持有短截的釣竿在海中立泳垂釣。捉海蟹時，我們就潛在岩壁旁窺伺，發現海蟹的蹤跡後，即刻潛近，趁其疏忽時將它逮住。有時遇到狡黠的海蟹，不免要展開一場「追逐戰」，或者玩起「捉迷藏」的遊戲來。在海中垂釣，更有一番樂趣，我們能夠親眼看見各色各樣的魚兒，在水中悠遊的神態，也可以看見海底的幽壑奇岩。雖然魚鉤上的釣餌老是在我們浮出水面換氣時，被魚兒偷食，但是身在這樣一個天然的水族館中，我們忘盡了一切的煩惱。直到西斜的夕陽染滿半天的彩霞，我們才扶著微醉而歸。

這些海邊的遊戲，一直玩到仲秋。過了仲秋，天氣轉涼，不敢再下水，大人也會加緊督導我們的功課，不許我們在海邊虛擲光陰。然而大海就像我們的家一樣，無論如何也阻止不了我們奔赴這個家的衝動。我們不純粹覺得海是一個極美的地方，它還使我們感到有種母愛的溫暖在涵容一切的事物。每當我們受委屈時，總是悄悄的躲到海隅來，讓淚水和潮水一起滾落；每當我們憂苦無法排遣時，也是在它默默的撫慰下，逐漸化解心中的愁結，我們投進它的懷抱，也像投進母親懷抱那樣的迫切，而所獲得的樂趣，卻難以計數。

即使在嚴寒的冬天，我們仍然赤足在海邊奔逐嬉戲。有時垂釣，有時擷藻，有時靜看細雨像一張落網籠罩著海面，那種淒迷而渾沌的景致，令人陶然忘我。偶而大海也會扮演著悲劇的角色；當它毫不留情的吞噬人命時，在我們小心靈裏會永遠積存著一片陰霾；當它瘋狂的窮對天地咆哮怒吼時，我們所受到的震驚，又豈是筆墨所能形容？它溫馴時如一位慈祥的母親，顯得那麼藹然恬靜，它惱怒時又如一隻兇惡的猛獸，顯得那麼暴躁難安。整個冬天對我們來說，總有一分驚悸常駐在我們的心頭。

等冬天過後，溫煦的春天來了，我們又重新活躍在海灘上。撿螺貝也好，釣海蟹也好，都會使我們忘記被禁錮了一個冬天的不快。有時我們也把從海中拾來的珍奇，售讓給外地來的遊客，或者學大人採擷海藻轉售給不常吃海藻的人。縱然我們所獲得的利益相當微薄，但是我們已能夠自食其力，不必再處處仰賴父母親。小小年紀並體會不到什麼大道理，然而對於造物主冥冥中的安排，始終留給我極深的印象，也使我在日後的成長階段中，一直保存著刻苦耐勞的天性。

我的童年，雖然在一個近乎夢般的環境中度過，但是實際上我沒有作過一個完整的夢，也沒有嚐過美夢的滋味。過去那些無止盡的遊戲中，也羼雜著無止盡的生活擔負，縱有夢來，往往也是空喜一場。不過，我常想假使我不生活在那個窮鄉僻壤的海隅，而生在優裕富貴的環境裏，也許到現在我還是像無根的浮萍，四處飄浮，而不知道使生命的根落實在這塊土地上，沈穩的滋長繁榮。假使沒有貧困的歷練和大海寬闊的涵容，今天我可能也會像某些人一般，跳不出人生的樊籠，盡去營求物慾的滿足。回想那段童年的生活，更讓我肯定了人生的意義。

（青年戰士報副刊，一九八一年一月二十四日）

我是戶口普查員

從十二月中旬開始，我們這群平日忙於教書的小學教師，又添增了一項重任，那就是攜帶戶口普查有關的資料和表冊，挨家挨户的去作戶口普查。

我們的普查區分佈較廣，有的在新店市區，有的在新店市郊，有的在偏遠的山區。不論被分派在那裏，對我們來說都是沉重的負擔，經常得忙碌到三更半夜，才能安心的就寢。

這段期間，最高興的是孩子們。每逢停課的時候，他們就興奮得要鬧翻天，從來沒有問一聲老師辛不辛苦。

原來平靜的教書生活，像一泓波瀾不興的湖水，此刻突然投進一顆巨石，激起的漣漪，宛如發散著陣陣的喧嘩聲，不斷地縈繞在我們的耳際，只要相聚在一起，話題一定離不開戶口普查。有的女老師談到普查時的遭遇，兩道眉皺得像一條條深深的溝圳。有的女老師去普查，在森冷的公寓內聽到兇惡的狗吠，驚嚇得幾乎要奪門而逃。還有數不盡的趣聞逸事，給我們平靜的生活帶來不少的歡樂，也帶來不少的困擾。

我的普查區在山上。攤開簡略的地圖來看，一間間的房子井然有序的排列著，心想一定不會離太遠。孰知在鄰區的明讚兄探路回來，指著地圖上一戶離道路較近的住宅說：

「你別看這一戶的畫線這麼短，實際上來回要走兩小時呢！」

聽他這麼說，我已不敢再遐想普查是件容易的事。雖然我不怕跋山涉水之苦，但是沒有充裕的時間能給我去進行這項工作，而且還有許多客觀的因素，也會阻礙任務的完成。在聯席會議那天，我們幾位在同里的普查員，去請教戶政事務所的人員，是否能夠替我們調整普查區。爭論了許久，他們仍無法作主答應我們的請求。最後一位承辦的小姐，微笑的對我們說：

「你們都是年輕的男老師，只有偏勞你們了。」

就這樣我們日夜念著遠在塗潭的那些住戶，也遙想著一張張黝黑而純樸的臉孔，在我們詢問許多他們從未聽過的問題時，流露出驚訝和惶惑的表情。

我們探知當地人白天都外出工作，夜晚雖然回來了，但是我們卻不方便去登門訪查。一方面路途遙遠，一方面夜路難行，即使找到一家，要往另外一家，也許就迷失於半途。幸好當地的里長和鄰長體恤我們的辛勞，義務的替我們跑腿，約集居民共聚一堂，以便接受預查。

那天，我們冒著寒徹骨髓的冷風，騎車往約定的一家小店。車子在一條狹窄崎嶇的產業道路上顛簸而行，衣鞋都沾滿濺起的污泥。我抬頭看看兩旁的景物，除了一片片蒼鬱的山和幾户點綴在叢林中的住家，再也沒有什麼特殊的景色，不知道區內那六十多户人家都深藏在那裏。有人説到這裏來，不翻山越嶺，絕對找不到人。當我親眼看見這幅景象時，已經印證了他的話，再想想如果逐户去查，説不定幾天幾夜都查不完。

車子愈駛往深山，愈少看到房屋。驀然回首，一座座陡峻的山巒，已把市囂摒阻於山外，只有一條蜿蜒而清寂的小路，回響著我們噗噗的車聲，終於我們抵達了設在山谷中路側的那家小店。

店家老闆是山東人，老態而肥胖的身軀上，披覆著一件件臃腫的舊服。他親切的招呼我們，騰讓出給客人吃麵食的桌椅，供我們填表使用。不久，陳里長來了，他所通知的居民也陸續的來了。淒冷的室內，頃刻間洋溢著歡悦的氣氛。不等我們坐定，他們已自動將證件按序排列在桌上，並且站在一旁圍觀。那副好奇和專注的表情，彷佛在聆聽一場福音，也彷佛在等候發佈一則佳訊。使我想起以前在鄉下，每次管區警員蒞臨村上，通知我們要校正户口時，老老少少就像趕集似的麕集在鄰長家，一睹警察先生的風采，也靜候他那筆雋茂的字跡落在我們的證件上。

我攤開普查表，一户一户的填記。每當問到經濟特徵時，他們的臉上總會泛出一絲尷尬的紅暈。有人帶點質問的口吻説：

「户口校正時，警察也沒問這麼詳細呀！」

「這是普查，」我說：「比校正還要重要。」

一名半百而精神矍鑠的老人，拘謹的坐在我的對面，回答我的問話，比那些孩子們還要恭敬。我原想請他輕鬆一點，但是時間匆迫，不允許我多說話。

「你在做什麼？」我問到他的工作。

「做雜工仔啦！」他用閩南話回答。

「在那裏做？」我又問。

「四處做，沒固定啊！」

「是不是像蓋住宅那種工作？」

「不是，是幫別人整理柑仔園。」

他說著，露出兩排被菸薰黃的牙齒，笑盈盈的環顧四周的人，似乎對我的問話很感興趣，而意猶未盡的還想談下去。

接著是一位單身的廣東人，年邁又重聽。我每問一句話，他的耳朵幾乎要湊到我的嘴旁，待別人提醒他時，他才恍然大悟的猛點頭。

「你自己有房子嗎？」我詢問住宅狀況。

「什麼？」他又眯起眼，現出一臉的迷惑。

這時，旁邊有人高聲的代他回答說：

「他的房子倒塌啦！」

「哦，為什麼會倒塌？」

「木板搭的嘛，」那人說：「一陣大風就把它吹倒囉！」

「現在你住在那裏？」

「朋……朋友家。」老人瘖啞的說。

填完這一戶，內心突然沈重無比，不知誰來關照這樣一個孤獨的老人。當他趦趄的離開小店時，有人對他說：「天氣冷，趕快回去吧！」那聲餘音像冬夜的笛鳴，一直在我腦海縈迴不去。

還有一個婦人，我問她幾歲結婚，她支吾的說：

「嗯……好像十幾……不對，廿幾歲吧！」

「請你說出確實的年齡。」

「大概廿歲的樣子。」

在場的男人，忽地爆發一陣嘩笑聲。有人打趣說：

「孫子都一大堆的人，還會害羞啊！」

「我不好意思說太早嘛！」她嬌羞的應和著。

這裏的居民，生活水準都不高，然而生性純樸，待人又和氣，有問必答，不會刁難我們。記得上山前，幾次陪同事去普查，市區有些人總是害懼別人知曉他們的「隱私」，有意無意的在防範著普查員。有人在我們填表後，一定要仔細過目核對，才肯簽章。有的明知這次普查的意義，仍然要為他一間尚未過户的房子，向我們計較住宅狀況欄的查記方式。也有的把不能解決的房地產問題，想找我們代為解決，真令人為難。當然，他們所提供的意見，我們會反映上去，他們的問題，我們也會為他們備註，呈報上級參研。可是我們只是一名奉命行事的普查員，不是執政者，也不是一言九鼎的人物，實在承受不起那樣深的寄望，更沒有多餘的空閑可跟他們為一個無謂的問題而在磨菇。有位女同事，還被一個市儈氣很重的醫生氣走呢！

據她描述，當她進入醫生的家門，那個醫生就揶揄著說：

「你們查一人才賺五元啊！」

「是呀！」同事說：「有五元已很不錯了。」

「那怎麼抵得上你們的辛勞？」

「我們盡義務，不敢談辛勞。」

那個醫生又似笑非笑的說：

「那麼少錢，我才不願意幹！」

同事聽到這句話，氣得瞪直了眼，聲色俱厲的對他說：

「當然，我們普查一次，不及你看個病人所賺的錢多，如果擔任普查工作，可以賺取很多錢，你也不必給人看病，說不定你還會搶著去做這份工作。」

那個醫生被同事數落得不敢再搭腔。普查表填完後，同事不屑一顧的奔門而出，心裏的氣憤，久久不釋。

有一次，我走了半小時的山路，到山頂查一戶人家。他們沒有電燈，在微弱的煤油燈光下書寫，非常吃力。主人不時的對我說勞駕和抱歉的話。最後填好資料，主人才客氣的問我這次戶口普查有什麼作用。我告訴他說，這是政府為明瞭臺閩地區人口的質量和戶的組成，以及住宅的質量和居住的狀況，作為人力運用，改善居住環境和各項建設決策的參據。他聽後，頗有領悟的說：

「哦，政府真好，替老百姓做這麼多事情。」

我們相對互視，不禁發出滿足的微笑。

複查當夜，天氣奇冷無比，我們摸黑上山，帶著普查表要去複核。詎料進入山區，冷雨擋途，在漆黑中難以辨認方向，更別論去徒步逐戶敲門。我們翻越了兩坐山才到里長家。陳里長引我們進去，憐惜有加的說：

「唉呀，這麼冷的天氣，會把你們凍僵啊！」

他趕緊把一鋁盆的炭火，移讓我們取暖。還要煮點心給我們吃，被我們婉拒了。

「不要去了，你們走不完的。」陳里長撥著炭火說：「不說別家，就說鄰長好了，要翻過後面這座山，才能到他家。你們不識路，恐怕到天亮都找不到。」

這時，電視新聞正在播報今夜戶口普查的事情，我們想到多日來的勞累，就只賸下今天一夜，即使冒著淒風苦雨，也得完成任務。不過橫阻在眼前的難題，卻無從解決。群山默然，夜路森寂，怎麼找到我們從未去過的住家？正在猶豫間，陳里長想到什麼似的告慰我們說：

「如果你們想留下來，我這裏有房間給你們住，如果想回去，我也不強留你們，山頂確實很冷，不好過夜。明天我想辦法通知他們來複查，你們再去小店等候，就可以了。」

陳里長這個兩全其美的辦法，終於解決了我們的困惑。此時，我深覺有陳里長在，什麼問題都能迎刃而解，而他對於我們的愛護和幫助，就像自己的親生父母，從不索求任何報酬。

偕明讚兄下山時，心裏很想對他說，山上的居民真有福氣，擁有一位既能幹又慷慨助人的好里長。然而寒冷的風雨掩蓋了我們的談話聲，等車子駛入市區後，我的腦海又浮起明晨那一趟旅程，無心再談這件事，我想過了明天，許多事情都會成為回憶，山上的那些人，也會逐漸淡忘曾有這麼一位年輕的普查員，僕僕風塵的來到山中，給他們帶來一些罕聞的訊息。

（青年戰士報副刊，一九八一年一月十日）

懷恩師

在一般人的觀念中，勞作課像是生活中的調劑品，難得會以嚴肅的態度去對待它。殊不知任何一種學問或技藝的習得，絕不是以輕浮的態度，就能望有收穫，必須孜孜不倦的下苦功以求得。這是我從教我們勞作的陳望欣老師那裏，所體認的一個事實。

陳老師是一個做事一絲不苟的人。不僅律己甚嚴，對於受教的弟子，督責也不從寬。他常訓誨我們說：

「不要看勞作這玩藝兒，只是『雕蟲小技』，就算是『雕蟲小技』，你一生想弄通，並不容易。何況，在勞作方面還沒有萬能的人，而你所學的只不過是拾人牙慧罷了。」

經他這麼說，我常汗顏的思忖：老師的技藝造詣，恐怕我們一生都無法望其項背，怎能學到一點皮毛，就自以為神氣，而妄自止進了？古人說：「學如逆水行舟，不進則退。」學習一項技藝何嘗不是如此？只要一有自滿的跡象，便難以臻於上境。

陳老師讓我敬服的地方，不只是技藝方面的造詣，還有誨人不倦的古道熱腸。

起初每上他的勞作課，聽到他講「做人處世」的道理，許多人都昏昏欲睡，我也無端的感到厭煩。可是漸漸地我發覺他所講的道理，都是有感而發，都是他的人生經驗，而不是無的放矢，不像我們年輕人喜歡高談闊論，空洞而不切實際。有一次，陳老師因故遲到幾分鐘，我們在教室裏無所事事的抬槓聊天，甚至在工作枱上嬉鬧。當陳老師進入教室，看到這幅景象時，臉色遽變，待我們鴉雀無聲後，他很不悅的詈罵道：

「你們這樣像一個要當老師的人嗎？你們這種行為被外人看到，不會被恥笑嗎？今天即使不是你們的老師，我也要干涉你們。我是一個納稅人，你們所使用的公費，也有我的一份在內，因此我就有權利糾正你們，告訴你們這樣做不對！」

一席話像旋風般猛地撞擊我的心扉，使我跌入淒然的疚責中。從來沒有人像他一樣不厭其煩的提醒我們，給我們耳提面命。我深覺慚愧，好像處處都不知自我惕勵，還得讓老師那麼痛心的來指責我們。從那次後，我們知道收斂自己的行為，不敢再放肆。

陳老師也是一個虛懷若谷的人。他從不炫耀自己的才能，只有苦口婆心的勸諭我們向學，將來當一個好老師。他曾帶點嘲弄的意味說：

「即使有的老師是飯桶，他也有值得我們學習的地方，因為他吃的飯比你還多。」

往往兩堂課下來，我們沒有習得什麼技藝，卻獲得了許多無比珍貴的金玉良言。雖然陳老師常說：「我是一個很愛嚕嗦的人，看不順眼的地方，就不禁要『嚕嗦』一番。」但是我卻無由的愛聽他的「嚕嗦」，彷彿一日無它，就有缺憾。直到現在，我仍然懷念那段聆聽教誨的日子，永遠記住老師在我們耳旁所「嚕囌」過的話。

向來我就嗜好國文，對於英文常覺艱澀難學，幾度想放棄。奈何學校的課程偏有英文一科，為了應付考試，不得不逼迫自己窮背英文。但在師專第二年，換王天生老師來教我們後，一切的情形都改觀了。

王老師不要我們死記英文，他帶來了新穎的教學法，訓練我們讀和說，和以前老師講學生聽的方式完全不同。他最注重的是讀書的心得，以及將感想試著用英語口述。他是留美學成的碩士，教學有一套方法，在我的經歷中，他是最令我佩服的一位老師。

王老師有驚人的記憶力。他使用的教材，都在他腦中那部無形的「打字機」裏，使我們一面聽他教學，也一面欣賞他那唱作俱佳的「表演」。尤其他那雄渾而高昂的嗓音，和富有變化的表情，常使人為之沉醉，為之振奮，為之讚嘆！他在解釋一句話，能夠引伸很多實例，演繹許多哲理，而都出之以詼諧幽默的話語，令人時而捧腹大笑，時而拍案叫絕。事後，還能使人回味無窮。

無可諱言的，只有跟王老師在一起時，才不會覺得上課枯燥乏味，永遠有聽不盡的笑聲。我們學習英文的興致，遠比任何學科濃厚，因為我們擁有一位這麼風趣而博學多識的英文老師。

在課堂內，王老師的英語縱橫無阻，但出了課堂，他卻緘口不說一句洋文，不是他有所吝惜，而是他已修養到使人可望不可及的地步。另一方面，他做人又隨和得近乎朋輩，絲毫也沒有師長的架勢。課餘，經常在球場上跟我們玩球，他把課堂上那套詼諧的動作搬到球場上，不論是我們，或是旁觀者，莫不被逗得前仆後仰，而忘了下節課他就要「板著臉孔」叫我們回講課文。

雖然王老師是那樣一位富有幽默感的人，但是在我的感覺上，我最深服他的地方，不是他表面的風趣，而是寓於風趣中對於人生哲理的擁護和執著。只有能細心去體會的人，才會瞭解他的心是多麼的虔誠，他的態度是多麼的壯嚴。

一篇麥克阿瑟的為子祈禱文，在他的講解中，使人領悟了多少人生的哲理；一首「西風的故鄉」的詩，在他的詠誦中，輕吟出的那份幽淡的閑愁，又使人多麼的沉醉；而一首「老黑爵」的老歌，參在歌聲裏的那種無常的人生際遇，又是多麼的令人心折……

……。

在兩年的受教中，使我真切的體驗到人生的價值，而這價值必須建立在樂觀的奮鬥上。從王老師無意中吐露的一句心聲：「在這種昇平時代，不多讀點書，還要等到什麼時候？」我深深的感到生命不是一個空洞的東西，只要認真的正視它的存在，發憤去充實生命的內涵，擴而充之，旁澤他人，也能算是不辱父母所賜之軀了。

「向光明謳歌，而不向黑暗狂吠。」這是教我們國文的王秀芝老師，在我第一篇作文上的評語。我一直將它視為座右銘，在躬行實踐。那句話的涵意非常深刻，修養未達成熟的人，是難以做到的。

師專五年，王老師只教我們後兩年的國文課。時間雖短，我對她的感恩和懷念卻特別深。由於王老師一向要求我們相當嚴格，即使受教的人畢業後，不再記得所學的東西，但是卻永遠不會遺忘老師的教誨，以及老師那副嚴肅中帶慈祥的影像。

剛開始，我們都很不習慣王老師的步步緊逼。不僅要熟習課文，還要閱讀課外書籍，對於作文一項更是不放鬆。作文簿上的錯別字，她最為深惡，絲毫也不放過。上她的課，我們有三怕：一是怕她那雙會看穿人的眼睛；二是怕她教我們口頭回講；三是怕她揪出我們的錯別字。因此在課堂上，我們「如履薄冰，如臨深淵」那樣的膽戰心驚。連平時上課就昏昏沈沈的人，遇到國文課，都不敢不正襟危坐。我們也不敢犯錯誤，只要稍為犯一點差錯，一定逃不過王老師厲聲的指責。當時，我們互相感嘆：讀了那麼多聖賢書，仍然這麼幼稚，動輒被老師挑出毛病來！

然而經過一段時日後，我們瞭解了老師耿直的個性，也適應了她的教學法，因而感到有這樣一位良師在教導我們，真是我們畢生的幸福。王老師是一個嫉惡如仇的人，不容許人留下污點。她常說：「人有缺點，還可以改正，但一染上污點後，就難以洗刷乾淨。」社會的風氣，也是如此，一旦進入奢靡的境地後，就難以再返回原來純淨淑善的面貌。王老師雖是這樣一個時常痛陳時弊和規勸我們學好的人，但她從來不會發牢騷和喟嘆。只有懷著一股誠意，告知我們真相，從而盡一點匡正時弊之功，或者導正自己偏差的方向。

王老師也常引用大學上的話說：「有諸己，而後求諸人；無諸己，而後非諸人。」正因為她「無諸己」，才能義正詞嚴的「非諸人」。我們一般人都不是在「無諸己」後，再「非諸人」，大都是一味的「非諸人」。這就難以達到像王老師那樣的境界。

在課業方面，王老師也常從教材中印證許多做人做事的道理。她講課說理都非常精詳透徹，而且旁徵博引，務必要讓我們真有所得為止。往往她會為一個有蘊意的語句，解說一大篇道理，連帶引徵某些現象來印證，使我們避免走入知識的胡同，變成毫無用處的書生。

經過兩三年了，我還深記著那些箴言諍語，尤其那句「向光明謳歌，而不向黑暗狂吠」更時常在我腦中盤旋，指引著我在人生的旅途上，把握一個正確的方向，做點有益於社會國家的事。

還有一個影響我最深遠的人，那就是我們的導師王鴻年先生。

五年的時光，我們和導師雖不是朝夕相處，但每次相聚，我們都可以聽到他諄諄的教誨，以及談他學問的經驗。當時年紀還輕，少不更事，總認為老師的話太過迂闊，不肯向學。可是當我們要揮別母校，突然發覺什麼也沒學到時，後悔已來不及，五年的光陰已悄悄地從指縫間流逝了。

王老師是個教育專家，一生累積了不少的著作。他不但能寫，而且能言善道，從來沒有看到他帶著課本或講義來上課。最令人驚奇的是在他滔滔不絕的講課中，能夠要言不繁的用幾句話來點明一個問題的主旨，而幾個問題連貫下來，自成一個體系，使我們不費力就能習得完整的經驗。每次上他的課，我都暗自期許老師會忘了下課的鐘聲，一直講下去，直到彼此都疲累了為止。

五年級時，王老師帶我們教育實習。在這以前，有關各科教學活動設計的編寫，我一概模糊不清，更無法把握教學的步驟。等到王老師教我們實習課後，經過他悉心的指導，多次的觀摩教學，及自己親身上臺試教，我才漸知各科教學的過程。至於教學的方法和技巧，也間接的學到一點經驗。由於當時王老師對於我們的每一份教學活動設計，都做了詳盡的批改和修正；對於每一次試教，都要我們預先作充分的準備；而在每一次試教或教學觀摩後，都要舉行檢討會，並總評其得失，才使得我們確確實實的明瞭有關教學的實質問題。畢業前，三週的集中實習，從學校行政到級任工作，幾乎我們都親自嚐試了。倘若沒有老師平日嚴格的督導和訓勉，教育實習時，我們就無法勝任那些繁重的工作。

這對於我爾後在小學服務的影響相當大。凡是教學上的問題，都能夠應用過去的經驗來解決。即使有再大的困難，經過深思熟慮，參研書籍，問題大都能迎刃而解。這都要歸功於老師多方的啓導，我才會受益無窮。

臨別時，王老師贈送我們一句話，他說：「假使你們真心要走教育這條路，希望你們都要成為一位完美的老師。」細想他的贈言，我終於明白了過去老師那樣苦心積慮的教我們，就是希望我們能完美無缺的為人師表，我怎能不時時警惕自己。

畢業後，實地接觸了教育的工作，益發體認那些話的真確，也愈感激良師誨我教我的恩情。

●

所有令人懷念的日子都遠去了，只有這些老師的形影常駐在我的腦海。每當靜夜迴思，也不禁要發出幾聲低喟，感嘆自己在學業上毫無成就，竟連最有希望學得的英文，都被我拋於千里之外。雖是如此，我依然深感榮幸有這些恩師，引導我走上人生的坦途，他們的恩惠豈止比海深呵！

（青年戰士報副刊，一九八〇年十二月四日）

陋巷之歌

我們搬到小鎮的時候，住在市場邊小巷裏一間租來的木屋。那間木屋陳舊得好像受了一點重壓便要倒塌下來似的，裏面除了擺一張床鋪，賸下的空間只能容納幾個人。既窄陋，又陰暗，給人的感覺宛如活居在漆黑的山洞裏。

木屋的主人，是個魚販，跟我們不相識，但他很同情我們的處境，便將房子廉價的租給我們，我們也不理會它是違章建築而租下它。像一個受難的人，暫時找到可以棲身的處所，內心只有欣慰，沒有嫌它那麼破舊。

可是搬家之後，我一直很不開朗。陌生而熱鬧的環境，反使我膽怯起來。因為我的心還在家鄉，還在那個依山傍海的家鄉，作著悠閑的夢，而眼前忙碌的人群，挨擠著的建築物，使我駭懼得想逃避。還有生活的困窘，鞭策著我們去從事各種卑微的工作，以換取一家的溫飽，也使我幼小的心靈蒙上一層淒黯的影子。那時候我並不羨慕別人有優裕的環境，也不再編織任何不切實際的幻夢，只為了貧窮帶給我們無窮盡的苦痛而憂愁。

父母親都不是很健壯的人，尤其是母親經常在病痛中掙扎，無力送她去接受較好的治療，內心所感受的辛酸，誠然難以道盡。然而為了最起碼的飯碗，我們始終沒有放棄求生的意志，即使只掙得一文，也要過一文的生活，不容許自己在環境的急流中被沖垮。父親曾說：

「我們是迫不得已才離開家鄉，倘若自己不夠努力，將來這裏還是沒有我們的安身之地。」

憑著父親那句話，我們從來不向命運低過頭；縱有訴不盡的酸楚，也只是將滿眶的淚水儘往肚裏吞。當我們的飯桌上只有一大碗從菜販丢棄的揀回來煮得爛爛的菜葉當佐菜時，我們真的忘了什麼是埋怨。因為還有這些東西給我們裹腹，我們已感到很幸運了。但當我看到父母親臉上顯現的疲憊的神色，內心卻極端的不安，彷彿他們落到這般窮愁潦倒的地步，不是命運在折磨人，而是子女拖累了他們，羈絆了他們，使他們的青春消耗在無止盡的勞碌中。而我們成長的代價，便是父母親耗擲在工作中的生命呵！

居住在這條像破落户聚居的小巷，陽光被隔在層層覆著的浪板上，濕暗的水泥地永遠流著惡臭的污水，白天夜裏蒸散的腥羶味，像頑童手中的稻稈，惡作劇的在你的鼻孔鑽進鑽出。我常偷偷的抱怨：住在這種地方，遲早會悶出疾病來。母親卻一臉慈祥的安慰我說：

「有個地方住，總比到處流浪好。你看，我們不是乞丐，我們還有房子住！」

「但我們為什麼不選擇好一點的地方，偏要選在這裏？」

「別的地方房租昂貴，我們租不起！」

總因我們窮，連生活上的享受都不敢奢望。現實的環境又冷酷得不讓人有所妥協，今天太勞累了，想休息，但又想到明天的米缸還空著，不得不再咬緊牙關去賣勞力掙錢。這一切也在告誡著我們，不要奢存貪圖安逸享樂的念頭，不然我們的生活便要失去了保障。

父親一直在礦坑挖煤，收入並不多。母親身體孱弱，但也無時無刻都在找點事做，好貼補家用，有時賣菜，有時賣魚，有時又改做手工藝。靠著父母親這些微薄的收入，我們還能勉強度日，不需向人舉債，我們也沒有挨餓受凍。當時，鄰居有位老婆，看到我們生活那般困苦，總是好意的送給我們一些吃賸的菜餚。那些東西有的已熬得稀爛，或者變了味道，母親仍然捨不得丟掉。

「人家送給我們的東西，無論如何都不能糟蹋。」母親老是這樣說。

「我們可以婉拒吧？」我不以為然的說：「我寧願去撿菜葉、拾碎蘿蔔，也不要別人的施捨，那種施捨使我們多麼難受！」

「別人會這麼想嗎？」母親露出了訝異的臉色。「我們不接受，他們會誤以為我們瞧不起他們，不然就是太倔強，連一碗賸菜都不要。」

「可是我們真的不需要別人的施捨，我們還有力氣去賺錢。」

「不要這樣說，我們不接受人家的餽贈是對的，但不能懷疑人家的誠意。等將來我們有了辦法，不窮了，別人自然就不會再憐憫我們，那就要靠我們自己爭氣！」

在那種懵懂的年紀，母親是啓迪我心智的最好的導師，也是讓我學習寬容的最佳的榜樣。她告訴我做卑微的工作不可恥，只要是憑自己的勞力賺來的錢，都是光榮的，也都要珍惜它，妥善的運用它。於是我不僅跟著母親做過許多小生意，自己也曾替人送過報，賣過油條，幫過傭……這些微不足道的小事，在我來說無疑是最好的磨鍊，使我對於人生有了更深一層的體認。

這條巷子裏的人家，都不富有，但彼此都很親近，人情味非常濃厚。有一次家裏失火，有一次母親生了大病，有幾次遭受了風災，都蒙鄰居解囊相助，我們才沒有陷入絕境。還有無數次的守望濟難和平時往來宴樂的情趣，也給我們的生活增添很多異彩。在這裏住了幾年，固然還有不相聞問的鄰居，然而那些可愛而情誼深厚的人，永遠會記在我們的心上。

原來讓我最畏懼和迷惘的環境，漸漸地我喜愛了它。剛來時那股深濃的愁緒，也變得淡薄了。我的生命，真正的在這個新環境裏慢慢地滋長。雖然還有一點害羞和膽怯，但經過生活的鍛鍊，害羞和膽怯也被我拋置於腦後。尤其經歷了一件使我刻骨銘心的事情後，才驀然發覺自己長大了。那次有位要好的同窗，堅決的想來探訪我家，他似乎沒有存著什麼心理，只是抱著想認識的心情，請我帶路而已。在他來以前，沒有一個同窗知道我的住處，極深的自卑感，使我暗築了一道樊籬，摒絕與人交往。可是他偏要突過我的幽界，我心裏像是被揭破了秘密那般的難安！我駭怕他會恥笑我，會不屑一顧我們那樣簡陋的住處，或者因此影響了我們的友誼。多方的顧慮，使我在一路上心不在焉，幾乎痛恨起他的捉弄。但是事實卻出乎我的意外，他到了我家後，不但沒有露出驚異的表情，反而談笑風生，仿如沒有絲毫世俗的眼光跟著他一道來。他愉快的道別後，留給我的是一大片的惘然和複雜的情緒。後來，我也去了他家，發現他們的家境也跟我們不相上下。那時候我才恍然大悟，明白了他的開朗和我的憂鬱的差別，只是那會作祟的自卑感而已。

偶而當我們的經費稍為寬裕，就把房子略為整修，但都熬不過一個冬天。每次屆臨冬天，也是帶給我們最多困擾的時候。因為這裏的冬天，陰雨連綿，很少有放晴的日子。平時就是一片濕暗的地板，這時更是泥濘不堪，屋頂雖然覆著竹片和塑膠浪板，但仍禁不住雨水的滲透，隨時都在淌水。我們每夜睡覺，很少能睡過通宵，不是擔心屋裏淹了水，就是掛慮那放在身側盛水的鋁盆會被踢翻弄濕了衣被。只有不懂事的弟妹，才會將它當作遊戲，玩到深夜也不會感到厭倦。

有一回，遠方的一位朋友捎給我一封信。信上說：「聽你說貴府是木屋，如果這樣，一定非常『詩意』。尤其在冬天裏，雨聲淅瀝，風聲蕭瑟，琤琤琮琮，天籟好音，盡在耳中矣。」那位友人沒有住過這樣的木屋，不知它的苦況。不過他有一份隨遇而安的詩心，給我的啓示非常深；教我試著去喜愛我最不喜愛的東西，也教我去包容我所怨尤的環境。逐漸地，我內心像有一股源源不斷的泉流，激勵我在生命的領域裏，當一個達觀而勤奮的採礦人，像我的親友，用自己的血汗來豐富自己的人生。

那年，我離開了小鎮，到外地去求學，畢業後就去服役。整整七年的時光，寓居在外，對於家鄉事一概知得不深，而家裏的變化，卻使我驚奇萬分。先是在外面做事的大妹，克勤克儉的積了一些錢，讓父母親在山下買了一幢半舊的磚房，後來又將磚房重新修葺，使它成為可以安居的地方。當全家搬過來「新屋」時，我還在軍隊中，聽到這消息後，百感交集，暗地裏不禁落下了眼淚。

在我離家之前，家境很不好，我把念書當作一種奢望，不想繼續升學，但父母親不容許我這麼做，他們有很深的期望。

「你不念書，我們家永遠是這麼窮，你多念點書，也許將來能創一番事業，不像我老是在礦坑討生活，想罷手都覺得無處可去。」

「在這個社會上，你不多識幾個字，怎能跟得上別人？好好的去念書，將來做點有意義的事，那等到我們老了，要依靠你的時候，也才能安心。」

這些話一直策勵著我向上，也一直使我愧疚不釋。求學的那段時日，家計都由雙親和大妹在擔負，尤其是失學的大妹，一心一意的為家而奔忙，終於使我們擁有了自己的房子，再也不必擔憂風雨的侵擾。大妹為家裏付出的心血，始終令我感到羞慚不已！假使我不自私，儘可讓她去升學，不必那麼年輕就在外拋頭露面，嚐受風霜之苦；假使我不在意父母親的期望，憑我的雙手去努力，也許我們的家境早也改善了。但這一切，大妹都替我擔起了。她沒有半句怨嗟的話，只有默默的為這個家奉獻她的心力。

我們在小巷裏剛好待了十年，這十年對我們來說是多麼的漫長，而我們也安然地度過來了。不論是苦是樂，是憂是喜，它多麼像一首歌，像一首譜滿成長的辛酸的歌。我們隨著它的抑揚緩急，而低吟而高唱，也為它的曲迴旋宕，而黯然落淚！細數著這些往事陳跡，我再也不會覺得心頭積壓著重重的擔負，擺在我眼前的路途，比來時更漫長，更遙遠，需要以無比的毅力走過去。一首歌還在耳畔迴響，另一首歌又在我心裏喚起，這首歌將跟著我響到終老。

（青年戰士報副刊，一九八〇年十月二十一日）

附記：磚房已於幾年前改建，也耗去父母、二妹大部分積蓄。雖然不必再擔心颳風下雨，但看到弟妹們仍困於謀食，心終難懌！（一九九九年七月十六日）

處處聞書香

從那時候開始喜歡文學，我無法確切的弄清楚，因為事隔多年，即使最牢記的事情，也會變得模糊起來。只記得當初剛離開家鄉，在新環境裏念書，接觸許多來自各地的新朋友，他們都非常好學，無形中受了他們的影響，因而不斷地鞭策自己不能落後，甚至想在某方面超過他們。

當時，有位朋友特別勤於買書，他所買的書大都是散文。我覺得好奇，便向他借來翻閱，一時也說不出是什麼感覺，只是愈看愈喜歡，終於自己也破囊買了幾本。在那以前，我從未看過一本文學書籍，根本不知道有那些讀了能感動人的書。而後我經常買書來看，才發現自己像一隻井底蛙，始終沒見識世上許多新奇的事物。我懷著從象牙塔掙脫出來的心情，開始漫長的摸索。一方面感嘆過去的無知，一方面又為茫茫的前途徬徨，於是心理上發生巨大的轉變，認為只有不停地追求知識，才能肯定自我的存在。過去的自己，已令我深深的憎厭，現在我要彌補過去的缺憾，需要一種力量給我勇氣忘掉那個貧乏的軀殼。所以我走進了文學的領域，也在文學的領域中迷失。

許多年來，我心裏一直埋藏著文學的影子，但還不能找出一條路來。由於我發覺文學只是一個象徵，只能從它那裏學到什麼，不能盼望它給我什麼。當有人羨慕我擁有許多書時，我總是靦腆的回答說：「它們還不夠我活用到老呵！」事實上，我所讀的書太少了，只對書有一份無法形容的執著罷了。有時站在滿櫥的書籍面前發愣，彷彿有陣陣的書香飄拂過來，讓我迷戀，而不忍離開。又有時迫不及待地從中抽出一本，尋覓作者的聲音，聆聽作者的低吟；而跟窗外的和風一起陶醉，跟天邊的浮雲一起遨遊。心思像幻化的彩雲，從絢爛歸於平淡，終於清醒過來，自己並沒有變，變的只是沈迷於書中的我。

假使我能替自己找出一點長處的話，只有愛讀書而已。直到今天，這份讀書的興致，依然不減，甚至比過去更為癡狂。無論在那裏，只要看到書，聞到從書中散發出來若有若無的香味，我就會顫然心動，希望能夠擁有它。平時，我的情緒不會變化很大，但當讀到一本情感真摯，且扣人心弦的書時，心湖裏波濤翻滾，甚至淚水滿眶，幾乎不能自抑。有時為這種癡狂，不知被書的作者賺走了多少眼淚。

我只喜歡看書，不喜歡跟人談論書中的一切。我覺得各人的體會不同，縱能溝通意見，也無多大益處。如有人要我介紹書給他看，先則一陣惶恐，繼則坦白的告訴他，最好自己去找書，別人介紹給你，不一定你會喜歡。他又說：「你告訴我什麼書，我就看什麼書。」這時我只有對他搖頭了。因為這樣，我更不能貿然的答應他，也不是我吝嗇那樣做。倘若他的確需要看書，有很多機會他可以直接去選購他所喜歡看的書；假使他只抱著無所謂的心理來看書，我介紹他看，又有什麼意義。

因這件事，使我想起一個故事：有一對夫婦新婚不久，男的吃不習慣太太作的菜，但有口難言，不敢有所嫌棄。後來男的跟一位朋友吐露苦衷，那位朋友直截了當的告訴他說：「你何不親自到市場走一趟？」他才恍然大悟，非常感謝朋友的提醒。想要我介紹書的人，我也會以那種口吻對他說：「到處都有書店，你何不親自去走一趟？」當然，那是帶有幾分刻薄的話，我很駭怕說出口。可是我喜歡文學，別人不一定也喜歡，介紹給他，豈不像商場的推銷？

讀書雖是一件孤苦的事，得忍受買不起書讀的痛苦，但永遠不會寂寞，書是一個很好的伴侶。現今社會昌明，出版業相當發達，不論走到那裏，都能聞到濃郁的書香。它像春花一樣的芬芳，使人癡醉，令人興奮。文學方面的書籍，尤為典雅芳潔，我已深深的喜愛上他。在文學這條路上，我不是得天獨厚的人，更沒有任何天賦，只是我像尋獲源泉般的快活，終身樂於去追求一個有意義的人生而已。

（青年戰士報「青年園地」，一九八〇年七月十二日）

大姑的婚禮

獲知大姑要結婚的消息，我難過了好幾天。大姑不只是很疼我的親人，也是我的知己朋友。如今她要離開家鄉，就好像要從我的生命裏，帶走靈魂一樣，突然覺得無比的空虛。然而想起大姑過去所遭受的種種苦痛，現在正要脫離它的束縛，我縱有難捨的心情，也該替她感到欣慰。

在去參加大姑的婚禮之前，湊齊身上僅賸的一些錢，購買一對相思燈，將送給大姑留作紀念。或許這個禮物並不很恰當，也顯得太寒酸，但我實在買不起更好的禮物，只得以此聊表一點心意。我相信大姑不會在乎它的微薄。

婚禮當天，正好是光復節，我偕在臺北做事的大妹一道去地方法院，大姑他們要在那裏公證結婚。天氣很晴朗，秋陽和煦的普照著，彷彿上蒼也帶著虔誠的祝福要給新人。在場觀禮的人，臉上都洋溢著春風般的氣息，個個陶醉在那片祥和而愉快的氛圍裏。我們等候很久，仍望不到大姑他們的影子。大妹有點焦急的說：

「我們沒有搞錯地點吧？」

「不會，這裏就是公證處呀。」

我隨口說著，眼光仍投注在熙攘的人潮中。忽然想起和大姑已快半年沒有見面，不知她變成什麼模樣，是像以往那麼清瘦？還是有略微胖些？最後一次她去臺南找現在的夫婿替她謀職時，曾捎信給我，說她要在那裏靜養一段時日才要回來。想不到這麼快就要完成婚事，莫非她已作了最大的抉擇，從此不再過孤獨的生活。

在公證處裏外，已擠滿了人，一輛比一輛漂亮的轎車，載著一對對的新人前來。我和大妹站在門外翹望，看大姑他們會不會從轎車出來，許久還是沒有他們的行蹤。大妹好像忽有所悟的說：

「他們不會坐轎車來了。」

「那會坐什麼車？」

「不可能省得連計程車都不坐吧！」

我們無謂的猜測著，心裏已有點惶急。四處張望，竟連親戚朋友也沒有看到。正在疑惑間，一群人湧進裏面，我們也跟著進去，走到一間小禮堂前，才發現婚禮早已開始了。我們只看到最後他們在結婚證書上蓋印的情景。

大姑穿了一件粉紅色禮服，臉上略施脂粉，但依然瘦骨嶙峋。瞧她那副弱不禁風的身材，又不禁悲從中來，一時暗自傷心得想掉淚。幾乎要怪怨命運不該這樣折磨她，不該在她無辜的身上烙下疾病的陰影。

跟隨他們出來，坐上姑丈的朋友開來的計程車，我環視一遍，沒有發現任何親戚，感到很訝異，就問大姑：

「家裏都沒有人來？」

「來了，」大姑說：「他們先去六福餐廳。」

這是姑丈的安排，使婚事愈單純愈好，不要驚動太多人。但我總覺得至少要有自己的親人來觀禮，才像個樣子。坐在車上，我內心也很不安寧，許多往事一幕幕的掠過腦際，在車子的顛簸中，自己陷入極深的回憶裏……

十幾年前，大姑剛從國小畢業，家人無力讓她升學，便教她去找工作。還屬年幼的大姑，就這樣離鄉背井，去遠地替人幫傭。當時，大姑書念得好，不能升學，反要去做工；我念不好，卻在家白食米飯，自己感到羞慚得無地自容。但大姑從不計較這些，她每次歸來，總是很關心我的學業，還為我買回圖書文具。她嘉勉我說：

「你好好念書，欠缺什麼就告訴我，我定盡力替你買來。」

那時聽到大姑這麼說，心裏只有感激，並未想到她對我也有很大的期望。直到我考取師校後，去探訪她，才猛然醒悟自己是多麼幸運。大姑說：

「你考上這個學校，不但給我們家光耀門楣，也為你的弟妹樹立了好榜樣。希望你要更爭氣，你是家裏唯一能夠讀到高等學校的人。」

言猶在耳，怎能一刻或忘？可是我始終沒有優異的表現，好獻給大姑，讓她更歡喜。只坐視光陰不斷地流逝，沒有學到什麼，卻惹上滿身庸碌的俗氣，真令我惶愧和不安！彷彿車窗外迅速消逝的景物，腦裏還分辨不清是真是幻時，在剎那間都化為烏有，想抓也抓不住。

大姑對於我，只有期望，沒有苛責，這使我永遠不會忘記要以自己的成就來報答她。如今她雖擁有了自己的小家庭，不能再親炙教誨，但我總覺得大姑並未離開我，她仍然會鼓勵我上進。

車子急駛在街道，將載我們去六福餐廳赴宴。原是大喜的日子，我卻什麼也不想，偏想到大姑那瘦弱的身影。若不是她臉上常掛著開朗的笑容，任何人看到那副模樣，莫不替她感到哀憐！然而很少人知曉當中的究竟，甚至連祖母也不清楚自己女兒為何會染上一身的疾病。

還是幾年前的事，大姑辭去自己的工作，到基隆幫叔叔他們經營飲食店。因念念不忘失學的痛苦，想徵求家人同意，要去國中補校進修。家人不反對，因七八個兄長無力栽培她，現在她要自食其力去念書，誰也不敢有異議。不過，當她負笈去頭城後，因失外援，只得靠自己半工半讀過活。先前她就患了胃疾，去那裏後飲食不濟，舊疾又復發，逐漸更形嚴重。勉強讀完一年，就休學了。回來靜養，沒有人去關照她，只有當她痛楚得躺在床榻呼天搶地時，才有人聞知帶她去看病。有幾次，還是母親老遠的趕去帶她就醫，抓藥給她服用。每聽大姑細道這些事情，心裏總有遺恨，為何大姑的遭遇是那麼淒涼和悲慘。

「這也不能怪你的叔叔們，」大姑說：「他們連自己的生活都自顧不暇，那有餘力來照顧我，我不給他們添麻煩，就好了。」

我想大姑有這種堅毅的個性，也是環境給她磨鍊出來的。即使身處困境，她也不需要別人的施捨和憐憫。當她再度興起復學的念頭時，幾乎跟自己下了賭注，抱著難望痊癒的病身，轉學到中和，繼續念書。但因工作所賺不多，不足以付醫藥費，又陷入慘澹的境況裏。

我曾去探望大姑多次，看她日漸消瘦，病情轉惡，真是痛心至極。可是大姑始終都很樂觀，從不見她自怨自艾，很少露出痛苦狀。我們經常閑話家常，話題不拘，幾乎天南地北的無所不談。大姑長我三歲，但一直待我如友，而以親情安慰我，以友情鼓勵我。她的人生經驗很豐富，使她對人生有一番深刻的體認，也給我很多的啓示。

雖然大姑有如此開朗的性格，但是她不免也有感嘆的時候。有一次，她慨然的說：

「當初我們家也實施家庭計畫的話，我就不會來到世間，也不會多吃家裏一粒飯，恐怕在娘胎都佔不到位子哩！」

也許因家窮人多，祖父又早逝，大姑的命運才顯得特別乖舛，且屢次嚐到失敗的苦果。在她復學半年後，因體力不濟，胃疾苦纏不去，終於又告輟學。那時覆在我心頭的陰霾，恐怕比大姑還沈重，一面苦無能力協助她，一面眼睜睜看著她在一場惡流裏滾來滾去……。

想著這些往事，不覺已抵達設宴的六福餐廳。許多親友，已先入座靜候，筵席不多，場面並不熱鬧。宴行一半，經母親提醒，我才想起該去向大姑他們敬酒賀喜。姑丈是一個溫文爽朗的人，我們只見過一面，彼此瞭解不深，但我看得出來，他們很恩愛，結為夫妻相當理想。過去聽大姑描述他們初遇的情況，總覺得有幾分懸奇：當時大姑在某列車上遺落一只手帕，被姑丈拾起交還她，因此認識而至墜入情網；其過程確非尋常。我常對大姑開玩笑的說：

「說不定是你自己故意把手帕丟給他揀的呢？」

大姑笑而不答，臉上泛著淡淡的紅暈，此事彷彿神秘不可告人。我也只能為那玄奧得難以捉摸的人生際遇，輕嘆幾聲罷了。我明瞭這一段巧緣，給大姑帶來很大的轉機，他們沒有經過什麼波折，就順利的結上了姻緣，這不是別人容易想像的。在她兩度因耐不住寂寞和病痛的折騰，千里迢迢的趕去臺南找姑丈時，許多親友都在奚落她過於放肆，使她很難堪。誰知道一個歷經滄桑的人，多麼渴望有一個安穩和溫暖的歸宿啊！現在大姑的宿願終償，過去那段像夢魘般的生活，也將從她的生命裏消逝，而有一個誠心愛她的人會助她重新締造幸福的人生。

往日那樣的困難，都無法把大姑打垮，將來還有什麼力量能阻擋她去追求理想的生活？從今起她儘可穩穩的操縱人生的舟舵，不必擔心會在茫茫人海中翻覆。在婚禮中，我彷彿看到大姑身上已煥發著遲來的幸福的光彩，不必言喻，那得來太不容易了，大姑一定會像珍惜生命般的珍惜它。

告別他們後，我益加深信那似乎不可抗拒的命運，不會永遠在人的周遭扮演殘酷的角色，只要不向它屈服，總有一天會像大姑一樣那麼瀟洒的征服它。

（青年戰士報副刊，一九八〇年四月三十日）

筆耕散曲

爬格子爬了多年，對於自己那寥寥幾篇的作品，仍像春婦閨怨般的又淒又憐，捨不得丟棄，也不忍多看一眼，就那樣無聲無息的被我冷落在書櫃裏。我不知道若干年後，這些作品是不是會在一根柴火下化為灰燼。

向來喜歡爬格子的人，多少就要靠點傻勁，因常要忍受身心的疲憊，還得擔憂寫出的拙作，不能登大雅之堂，恐怕還會首遭時代的湮沒。然而有一筆在手，似乎沒有力量能阻止他繼續寫下去。好像得了菸癮的人，顧不得身後的利害，反把菸當作命根看待。如沒有那一點傻勁，寒來暑往，熬夜苦寫，怎不使他卻步退縮？一行行的方格子，有如阡陌間荒蕪的田畝，沒有勤墾勞耕，就沒有收穫。這也註定持筆桿的人，終身要像一名老農，把他的心血灌注在田畝上，而期待收穫的喜悦。

名人梁實秋先生談寫作的訣竅，他說只有兩個字：割愛。過去我沒有體會它的涵意，總認為自己辛勤寫出來的作品，一定會得到共鳴，受別人的欣賞。但在頭一關就遭到編者嚴厲的批判，有的石沈大海，有的原稿寄還，連一點信心都要失落了，幾度想封筆不寫。近來，我霍然參悟般的想通了，以往因不懂得割愛，才使一篇篇作品急遽的離開我手邊，不肯將其中的糟粕割捨，致使退稿愈積愈多，悔意也愈積愈深。當我忍心將幾篇不滿意的作品付之一炬後，才明白有太多的作品該燒而沒有燒，也在懊悔不該輕率的寫出那些不成熟的東西。

當拙作僥倖上報後，熟與不熟的朋友見了面，不免會恭維我幾句，或者詢問稿酬的狀況。前者對我是一種鼓勵，後者卻讓我感到相當為難。我知道那一篇作品的稿酬很微薄，說出來請不起客，顯得太寒酸，不說又有失禮的地方。總無法使自己泰然，也無法使對方滿意。其實，我很少親自去領稿費，也不在意它的多寡。偶而回家，聽到母親欣喜的說：「又來一張稿費單了」，我也莫名的跟著興奮一陣。母親並不清楚那是寫文章換來的，也從不探究我寫了什麼文章，但那一聲溫柔的報訊，卻給我很大的安慰。彷彿平日伏案咬文嚼字的酸楚，霎時都消逝了。這種默默的撫慰與激勵，使我一直不能忘懷。

我不曾夢想要靠賣文來過活，只是興之所至，自願嘗受那種甘苦，藉一枝禿筆為自己的生命添點姿采，或為別人灑些甘霖罷了。除此不容我有其他的奢望，也不敢妄圖什麼名利。將來我有一份安定的職業，那已足夠我過一個清淡的生活，唯一的期望就是想使這枝筆成為充實生活、美化人生的源泉。我想今生今世也沒有什麼好遺憾了。

許多朋友常鼓勵我多寫，只要隔一段時間不見我的作品上報，他們就很關心的追詢是什麼緣故。我往往赧然得不知如何應對。在寫作的路途上，我一直很寂寞，有這些親近的「讀者」不斷地鼓勵我，理應感到莫大的欣慰。可是我反而很惶恐，一來不夠勤奮，寫不出滿意的作品，使他們失望；二來沒有人肯指正它的瑕疵，使我自己擔心不能精進。這點惶恐，存在我心中已好多年了，我不知怎樣袪除它，似乎永遠要在我心裏造成一塊拭不去的疙瘩。

現在的環境，不容許我靜下來專心的寫些文章。喧鬧的車聲，不斷地衝垮我的思維，還有許多瑣碎的事情在我腦海縈迴，實在難以稱心如意。只能偶而提起筆吃力地捕捉片斷的靈感，零碎地寫出來，而後拼湊成一篇。這使我沒有把握想到更好的題材，或者寫出像樣一點的作品。唯一不會使我懈怠的，恐怕只有這份爬格子的興致，在自我鞭策去實現心中那個小願望。也許將來吧！筆耕的成果，會給我的生活帶來一點光彩，又何必現在就在栖遑不安？在人生旅程上留下的足跡，不會永遠保持完好，遲早會被風雨吞噬，只要認真的繼續往前走，就不會為那即將消逝的足跡傷感了。

（青年戰士報「青年園地」，一九八〇年四月二十三日）

蓮霧情

當溽暑侵逼之際，我想起來家鄉的蓮霧應該成熟了。

那滿園的果樹，一定又垂掛著密密麻麻的蓮霧，像一種旺盛的生命力，伸展在枝椏間，傲然的向著天地炫耀。而那紅的、白的果子，也像是跳躍在夏日陽光下的音符，給予人無窮的喜悅。

離開家鄉多年，每到這時候，總是特別懷念那一片片充滿生機的果園。當我們離開家鄉時，三叔才在房子周圍的園圃，栽植了幾棵果樹，那算不上有規模的果園。但是鄰居及鄉人的果園，都有數十年的歷史。或許是內蘊的鄉土的情感，我對它們的懷念也特別深。

當初，我以為我們離開家鄉，就永遠跟它隔絕了。事實上，為了生活，我們仍然不能擺脫跟家鄉密切的關係。每居季果成熟時，母親就僕僕風塵的往來摘售。尤其到了七、八月間，蓮霧盛產，我們一日接著一日回家鄉摘蓮霧，然後用車運到小鎮販賣。母親總不以為苦的說：「不趁現在賺些錢，過幾天又要餓肚子了。」

母親的娘家在大里，離家鄉石城不遠。那裏有一大片的果園，種植著橘子、柚子、番石榴、蓮霧等多種的水果，全由大舅父在經營。當果子成熟時，大舅母每天固定摘二、三簍，運到鎮上零售。但她一人能力有限，果子產多時，就會應付不了。外祖父（母親的生父）常來小鎮，看到我們一家窮愁潦倒，於心不忍，便要母親回去摘果子來賣，賺些錢貼補家用。於是每到夏季，我們就特別的忙碌，也非常辛苦。

有一次，不知什麼緣故，大舅父突然很生氣的阻止我們去摘蓮霧。外祖父跟他力爭道：「果樹是我種的，我愛給誰摘，就給誰摘。」大舅父辯解説：「她(指母親)每次都把成熟的果子摘光，那我們摘什麼？」母親聽了這話，很痛心。我們去摘果子，也有給錢，並不是白白的將果子拔盡。既然大舅父説這種氣話，我們也不好意思再回去摘蓮霧。

不久，外祖父患了重病，在病榻上纏綿多月，最後不幸去逝。外祖父去逝後，我深感到我已失去了一位和藹而慈祥的親人。自小，就備受外祖父的照顧；稍長，看到外祖父在辛勞之餘，總不忘顧念我們的生活，我心存感恩，歷久彌深。母親每次想起往事，就禁不住滿眶淚光的説：「他老人家在世時，生活上的點點滴滴都虧他在照顧，他去了，誰會來照顧我們？」外祖父一生顛沛偃蹇，總為子女辛勤，從不發絲毫怨言。就像他所栽植的那幾棵高過屋頂的果樹，不但枝葉繁茂，遺惠後人，而且不索求任何酬報。想起果樹，就不能不想到外祖父，懷念他，比什麼都來得深切。

外祖父離開那一片他所鍾愛的果園後，我們也很少再回去探望或摘果子，那裏彷佛變成一個陌生的地方。後來，我們又找到一個新天地，在母親娘家鄰近有一個更大的果園，園主人姓楊。楊先生全家遷居臺北，只留他一人在照顧果園。承他同意，我們出勞力，他出果子，售後錢對半分。這樣銷售愈多，紅利也愈多，對我們來說，就是拼命，也不能讓機會溜掉。

蓮霧的果季很短，若遇颱風過境，往往會被颱得一粒不剩。父親工餘，也帶著籮筐去幫忙摘果子。他摘果子，像秋風掃落葉般的大小統摘，從不精挑細選。使得母親常皺眉頭，而埋怨的說：「這樣可賣到好價錢的話，天已經塌下來了。」但父親卻不以為然的說：「現在不摘，到時候颱風一來，連影子都看不到，還想賺錢？」楊先生在父母親爭執之後，帶點風趣的對母親說：「他來摘，我不怕蟲來吃我的果子；而你來摘，我不必擔心果子賣不出去。你們想怎麼摘，就怎麼摘吧！」楊先生很信任我們，我們也很賣力的把果子摘售完畢。

我不喜歡做生意，也怕做生意。就跟母親商量，我去摘果子，他賣果子。摘果子，天還沒亮就得出門，賣果子倒不必那麼辛苦。我知道母親身體孱弱，早出晚歸的生活，一定承受不了，所以我想多分擔點辛勞。可是母親很不放心，一定要親自去摘果子，好幾次都因過於勞累而病倒了。我告訴母親我已有能力挑起這個擔子，她不必再那樣操勞。然而母親從不爽朗的說一句好，只推說：「你們讀書人，應以讀書為重，這還是由我來。」母親是不瞭解子女的心情？還是不願子女過於勞碌？我想了很久，終於得到了答案：天底下的父母，只有愛護子女，而不會教子女受苦受難的。

好幾年，都跟著母親把家鄉的蓮霧，一擔擔、一簍簍的挑到小鎮販賣，那種為採蓮霧而忙，為賣蓮霧而忙的生活，使我感到生活的充實，也感到艱苦的歷鍊，給我這平凡的生命，注入了一股無形的力量，使我更有勇氣去面對窮困，去度過難關。

今年一直在軍旅中奔波，不能隨母親再去摘蓮霧。八月初返鄉，聽母親說：「明年我們沒蓮霧可賣了。」我急切的問那是什麼緣故，母親黯然的說：「楊先生把果園賣給別人了。」我忽然跌進失望的深淵，楊先生把果園賣了，我們那裏再去找一位像他那樣優惠我們的園主人？除了他，我們再也找不到第二位了。

也許，明年蓮霧成熟時，我們還會再回家鄉，看看那片果園，也看看三叔種的果樹。但那片果園已換了主人，家裏果樹結的果子，也只能供品嚐而已。漫長的歷程，突然到了盡頭，我不知是徬徨，還是憂戚，一股愁緒襲上心頭，久久無法平復。

（青年戰士報「青年園地」，一九七九年十一月二十一日）

也是教官

在部隊裏當基層幹部，除了帶兵和承辦業務，還須兼任課堂內的教官，這似乎是不可以推卸的責任。對於我來說，也沒有什麼不可勝任的。但只有當教官一事，給予我很大的考驗，心裏總有痲渣的感覺。

若說當教官，至少也要由掛有閃亮亮的「梅花」的人來當，才像個樣子，而我肩上這根輕微的「扁擔」，怎麼看都不夠分量。況且所要講授的課程，我並不內行，如貿然的上台去，難免會出醜。有這自知之明，當不得不上台時，我定先來一段跟課程無關的開場白：

「對於這個課目，我不一定比各位瞭解的多，希望基於學習的立場，我們共同來研究，也希望各位不客氣的提出你的看法。」

然後我就搬出在小學教書的那一套方法，從引起動機開始，相繼問幾個問題，但不全然採取教小學生那種複雜的步驟。原盼望弟兄能迅速進入狀況，可是他們似乎不熱衷我所談論的話題。站起來回話的弟兄，有的晃晃腦袋，露出一副憨態，不知所云的說：

「請問是什麼問題……。」

明知那是推托之詞，但我不能因他們不願回答而生氣。不論那是含有搗亂的意味，或純是茫然無知，都得請他就座，不然彼此都會很尷尬。

我嘗試著採研討的方式來上課，但弟兄普遍缺乏主動的精神，全堂課不覺有討論的氣氛，有時討論離了譜，我只好接下去收拾「殘局」將自己那一套自認為較合理，且有點根據的理論，說給他們聽。他們聽後，有的搖頭表示懷疑，有的低頭默思，有的支頤望我。我忽然想起講了許多話，應該來個「驗收成果」，於是找一個聽得比較入迷的起來問話。我說：

「剛才我講的話，你懂不懂？」

「報告教官，你說什麼，我不清楚。」

不意他的回答，卻讓我感到驚異。他說：

如換一個容易激怒的人，聽了他這句話，一定氣得橫眉豎目。還好，我並未氣得瞪起眼，數落他的不是，反而故作鎮定的問他：

「我說的那麼起勁，你一點也沒聽進去？」

他緘默不答。

「那你有沒有在聽講？」我又問他。

「沒有，」他坦誠的回答，「我很累，一直想睡。」

「所以你把我的話當成催眠曲了。」

碰到這種情形，雖然很令我失望，但是又能奈他何？他們不願聽我講課，固然由於被迫而積怨於心，但最主要的可能是我講得不夠精彩，不夠生動，才使他們興致索然。他們所歡迎的是會講故事，會說笑話的教官，而不是一味有板有眼「講道」的教官。像我這麼不善於講故事和說笑話的教官，當然會被他們拒於千里之外。

有時課末，讓他們自由發言，較活潑的弟兄，站起來就毫不客氣的說：

「請『老師』講故事。」

「我腦裏的故事，是講給小孩子聽的。」我說。

「那你把我們當成小孩子嘛。」

如遇到這些「可愛」的兄弟，我會調侃的說：

「很遺憾，假使你晚生幾年，就能聽到我講故事。」

弟兄年紀和我相彷，彼此處得頗為融洽，而在這種場合，我不會板著臉孔，只有常想努力去當一個稱職的教官。或許弟兄在心理上有了先入為主的觀念，無法接納我這個跟他們多方面沒有距離的教官，於是外表上也就不可能有虔誠的態度來學習。

有一次，在課終我忘情的講了一大篇道理，當中因過分激動，幾乎講得語無倫次。自己察覺後，立刻終止話題，而取巧的說：

「我們討論到這裏為止，現在下課休息。」

我剛說完話，緊接著聽到一陣熱烈的掌聲。我疑惑的環視他們，有點不悅的說：

「這種鼓掌，很不禮貌，是不是因為我講得差勁的關係？」

「報告排長，」有人說，「不是這個意思，請你不要誤會。」

「那又是什麼意思？」

「我們是為你最後那句話而鼓掌。」

聽他們這麼一說，我內心感愧交集。當一位教官真不容易。尤其當一個成功的教官更不容易。現在我只是「客串」教官的角色，並不是終身以它為職業，不在意那一時的「挫折」。在弟兄心目中，也不會承認我是一個「當然」的教官，對於我只是存著一份形式的尊重而已。但我將來還要返回教壇，面對著一群群天真無邪的孩子，他們將跟我學習他們所沒學過的東西，我應如何來教育他們，滿足他們所需要的一切，這是我一直在深思的問題。每當走上講臺，它就像一條無形的影子，在我腦海縈迴不去，不知須到何時何日，才能終了。

（青年戰士報「青年園地」，一九七九年十一月六日）

巴山夜雨

不期然地，我們相遇在路途上。你好像從我夢裏的巴山走來，帶著微醺。那是許久以前，我們互相餞別時的酣態，不意依然留在你的身上。我不知是驚喜，還是遲疑，久久才問你：

「別來好嗎？」

你濃眉間隱約的神情，倏地綻開，灑然地回答：「還好。」

「會不會厭倦山中的生活？」

「不會，我很滿意。」

「孩子好教吧？」

「嗯，他們都很好學。」

想到孩子，我立刻很敏感的想起我們曾激辯過的問題。也許你的抉擇是對的，山中的孩子淳樸、憨直、純潔、善良，教育他們，容易收到宏效。以你那酷似菩薩的心腸，正是孩子傾慕的對象，他們會衷誠的歡迎你。

「那你？」你反問我：「還在城裏教書吧？」

「不，我已經在服役。」

我想跟你暢談一些別後的經歷，然而你卻低頭沉思，彷彿不在乎身旁的我。驀然我發現你添好多白髮，額面也有微微凸凹的皺紋。我已有幾分明暸那是代表什麼。

「快兩年了，不感到疲憊？」我又問你。

「我忘掉了疲憊。」你淡然的說。

「山中孤寂的生活，你不覺得寂寞？」

「孩子就是我的伙伴，他們帶給我不少歡樂。」

「你依然不改變你的抱負。」

「…………。」

現在我們談話，宛如演戲人冷漠的對白，不像過去間伴著抑揚的音調，或經常激動的高談闊論。我覺得我們都變了，而你變得更老成持重。也許你在山中跟孩子為伍時，會忘掉你是一個大人，你跟孩子嬉逐遊樂時，會忘掉你那不再靈巧的手腳。但在我們相遇的時刻，你卻變得心事重重，而你那頹然的表情，讓我懷疑你的心已冷卻了。

我不敢再問你，過去我們用嘴交談，現在我試著用心跟你交談。不過，我也盼望緘默過後，會出現新的話題。

果然，你不再沉默了。

「還記得吧，」你說。「上山之前，我買了很多書和很多唱片，還有歌本、吉他……上山之後，孩子跟我學會了看故事書、唱民謠、彈吉他。那段日子，我們過得很快活，也很充實。」

你的臉色忽升忽沉，又突然改換語氣說：

「不過，孩子長大了，畢業的畢業，謀職的謀職，原只有二十幾人，現在更少了。我那滿櫥架的書和唱片，積了灰塵，電唱機故障了，吉他送給一個跛腳的孩子，民謠歌本也散落在抽屜裏。我感到好像失落了很多東西，而變成一個特別喜歡懷舊的人。」

聽你這一番敘述，無意間我也感染了你那淡然的愁緒，欲罷不能的跟你跌進幽深的惆悵裏。也許你將人間的別離，看得太不尋常，而有一份深得不能割捨的心情。你所憧憬的天地，忽然少了孩子的笑聲，好像你原在翱翔的心，倏地折了羽翼而不知將要飄往何處。或已在你的心版上刻下苦楚的痕跡，我也不瞭解在這段漫長的歲月裏，你閉鎖在山中，承受了多少的委屈。我想你應該再回到城裏來，在城裏有好的機會等著你，也有更多的孩子需要你。

「下山吧，」我誠意的建議你。「在山上待太久，會覺得這世界離你好遠。」

你只含首默想，對於我的話，似乎聽而不聞，我禁不住數落你一句：

「你把一切都獻給山上的孩子，到底獲得什麼回報？」

「沒有，孩子快樂，就是我獲得的回報。」

「那你還眷戀什麼？」

我知道我這句話又問得唐突了。你那微酣的眼神，一時變得嚇人的炯亮，像怒視般的衝著我說：

「這問題很可笑，你在城裏，你會眷戀城裏的一切，而我在山裏，就不能眷戀山裏的一切？」

頃刻間我被你的話窘得無言以對。我心裏明白，不能以短視的眼光來衡量你。可是我不忍心看你那副幾近落寞的模樣，如果換換環境，說不定會好些。因你離群索居在山上，縱有孩子陪伴，但你卻失去了與親友相處的機會。假使你不想再增廣見聞，你儘可棲居在山裏，避免俗事的煩擾。假如你真的不須要朋友，你儘可去過那極似隱居的生活。這些問題，如提出來，又會引起我們之間一場辯論，不管是我說服你，或是你駁斥我，這場辯論都不會有結果，反而會造成彼此的不快。所以我不再說話，你也不須要聽我任何的勸告。

我們在那條不太熱鬧的街上走著，正好逢著一陣霏霏的秋雨。忽然，我想起你為何到街上來，便隨意問你的行蹤。你說回去探親，順道到街上為孩子購買文具紙張。在你身上，我清晰的感覺到孩子已變成你生命的一部分，任誰也無法取代它。

臨別時，我問你：「往那裏去？」

「回山上。」你說。

「什麼時候搬下山？」

「也許很久以後。」

隔著霏雨，望著你走遠的背影，不禁想起當初你揹著一大箱書籍上山的情景，那時也下著細雨。你興奮的對我說：「當你厭倦城裏的生活時，歡迎你到山上來。」我沒有回話，你逕自走離我的視線之外，從此我們斷了音訊，儘留給我無窮的回憶。而後幾度夢見巴山夜雨，我們剪燭相對，待夢醒時，你又遠在天邊，賸下我孤寂的咀嚼夢中的情境。這次遇見你，又目送你離去，還是像一場迷離的夢。想起巴山，似乎又傳來淅瀝的雨聲，把遙遠的往事喚回來，將永久的安頓在我的心深處。

（青年戰士報「青年園地」，一九七九年十月二十四日）

稚情

服役軍旅已近一年，還沒有什麼事能讓我感到特別驚喜。最近一連串接到好幾封信，那一封封不同的字跡，透著稚子無限的真情的流露，驀然我好像世上擁有最多溫情的人，頓時感到無比的欣慰，心湖上也興起來了壯闊的波濤。

「時間過得真快，自從和老師離別，到現在已經好幾個月沒有見面了。我們在學校裏讀書都很想念你，不知道老師你在軍中生活好嗎？身體一定很健康吧？請老師快來信告訴我……」幾句話，像一盃清洌的水，灌入我乾渴的喉頭，使我感受著沁心的涼爽。記憶裏，他是一個小小的個子，有一副清秀的面孔，不愛說話，一說起話臉就會泛紅。這次他對我說了這麼多話，使我瞭解他的內心並不畏懼與人交談，反而更想表達他的情感。但願日後他能克服心理上的障礙，走向他所期望的完美人生。

當初快離開學校時，我把代課老師介紹給他們認識，自己竟連一句道別的話也說不出口。我想僅僅相處一個月的感情，會逐漸淡逝的，沒想到他們仍牢記著我。女孩似含著無限委屈的說：「親愛的老師：我們都很想念你，你還記得我們嗎？」一時我變得欲辯無言，心裏的答覆，只是一句愧疚而已！「老師你一定有很多朋友，你的生活一定很好。今天我們班有幾個人要到中視公司表演，你一定要收看……。對了，我有三張相片，裏面有簡老師的妹妹，我把這三張相片寄去以後，你一定要保管起來。我不會寫信，只會一點兒而已，老師你一定要給我們回信。」女孩的心思，如同照片上的影像，那般的純真，我無由的被這一番盛情所感動，許久無法將視線從照片上移開，任記憶喚起幾被遺忘的往事……。

有的男孩天真的問：「老師：打仗好不好玩？你現在有沒有槍？」也有的男孩疑惑的問：「老師：你還記得以前你在給我們考試的時候，有的人考不好，你就沒有打他，你為什麼不要打？」還有的男孩熱切的問：「簡老師說你還有一年就要回來教我們，是真的嗎？」諸多問題盤旋在我腦海，變成我日夜冥想的對象。當初也許我道貌岸然的站在臺上訓誨他們，大聲的喝罵他們，但如今那些不愉快的情景，已不存在他們的記憶中，而來信的字裏行間所表露的盡是那無邪的童心啊！

然而對於他們的懇求和盼望，不是只有答覆一兩句話就能滿足他們的心願，我也不能再像過去還沒畢業時，很有耐心的回覆每次實習過後所接獲的一大堆信件。在他們稚幼的心靈上，我沒有什麼能給予滋潤，反而獲得他們發自內心的豐厚的真情。實不忍心用造作的言語來搪塞，寧可說幾句鼓勵的話，代表我心中的千言萬語。也許他們會為沒有收到個別的回信而感到失望，但我已無法尋求更好的補償的辦法。

猶記得入伍受訓那段期間，有幾位同是師專畢業在一起受訓的弟兄，剛離開服務的學校，孩子的信件真如雪片般不斷地飛來。某位弟兄，曾有一天接獲十五封信的紀錄；某位弟兄，在聖誕節那天，收到一大包全班小朋友各別創作的圖畫。使得在場的人羨慕不已，到處傳誦。當時有位弟兄無意的揶揄我說：

「欸，都沒看到你有信，大概以前你都在誤人子弟吧！」

我不知如何回答，只覺得很不是滋味，在那種歡愉的場面，一句話足夠引起別人的騷動，甚至引來閑話。我思索了片刻，不以為意的調侃說：

「可能我沒有人緣，連小朋友都不寫信給我。」

而後，真的沒有收到任何一封孩子的信。因我自始就不願把地址告訴他們，斷絕了聯絡的線索。為了那些無法償還的「感情」的債，只有強迫自己割愛，不要再負債下去。孩子們的腦海裏，留有印象就夠了。

但這次卻意外接到這麼多信，有驚喜，也有懊悔！我知道那是好心的代課老師轉告我的地址，孩子們就禁不住別後的想念，一股腦兒的透露在信中，實不由得我不去接受。這份盛情，應是教書的人最引以為慰的，也是長年的教書生涯中，最不能忘懷的一件快樂的事。

這只能說是自己親身經驗的感受，在別人眼裏，也許並不覺得稀奇。我想在這麼平凡的人生中，能毫無顧慮的付出內心的愛，多少已不辜負上蒼賦予我這軀生命的意義了。而我所以會選擇教書這行業，並不想以「作育英才」自居，也不狂妄有朝一日能夠顯達。唯一的願望，只要能求得古人所謂「安身立命」，在短暫如蜉蝣的人生裏，為社會國家盡一份心力罷了。

有人戲說：「教書的人，一顆心都是青春不老。」我也深以為是，尤其在小學裏，孩子個個天真、活潑，經年累月的相處，自然就會被那些稚情所感染，而與他們融為一體。但一旦要離開孩子圈，重涉入複雜的社會，那份不捨的心情，實在不是筆墨所能形容。他們小小的年紀，卻有一顆善解人意的心，從不偽飾他們的感情。當他們盡情的向你吐露心聲時，你會感受到你擁有著世上最珍貴的東西；那樣無形的東西，不是任何錢財所能買到，但它確實存在這個世界上。

每當我被那些孩子感動得不能自已時，我就想到：若我生有音樂家的巧藝，就可以為他們譜出最動人的音樂；若我擁有一枝詩人的筆，就可以用來詠誦那純真的稚情。可是我沒有音樂家的天賦，也沒有詩人的才華，只能這麼笨拙地用文字編織心靈的網絡，來捕捉那點點滴滴的真摯的情懷。我永遠不會忘記這份珍貴的稚情，在親情和友情之外，它也溫慰著我平凡的生命。

（青年戰士報「青年園地」，一九七九年七月十七日）

不是畢業

有一種聲音，常在我耳畔絮語，每當我想靜下來聆聽時，卻分辨不出它來自何方；疑是發自記憶的幽谷，又疑是發自內心深處一個未曾安頓的願望。我總不敢告訴你，芸芸，它神秘得連我都不敢大意的去揭開它。現在別人等畢業的心情，是那樣的急躁與興奮，而我卻連畢業是怎麼一回事，都不曾想過，難道這不是要畢業嗎？

五年來，宛如生活在一個溫暖而舒適的巢裏，備受師長的呵護和培育，從不知成長的過程中，我們已蒙受了多少的恩賜。但轉眼間，只覺得翩翩少年的美夢已不再了。過去或許像一隻羽毛未豐的雛鳥，從未飛離母巢，去親臨廣闊的世界；那時雖也羨慕別人的成就，然而卻沒有體驗到成就的背後，隱藏著多少人生的慘澹和辛酸！現在我也將要扮演一名「開拓者」的角色，才感到美夢或憧憬，只是現實外一個虛無縹緲的影子。此刻，內心又糾葛著多少的懊悔和痛惜？呵，芸芸，一種揮別的黯然的情緒，騷擾得我徹夜不眠，臨風筆書，你可願聽我傾吐一些離愁別緒？

當預官考試結束後，那幾個月所過「三更燈火五更雞」的生活，霎那間，便被我淡忘了。不是我洒脫或是健忘，而是那種孤注一擲的「戰鬥」，使我變了「人樣」，亟於想自我解脫的緣故。那天考完最後一科，要返校，在車上聽到一位師大的學生感慨良深的說：「四年來，只有這次預官考試最用功，也學得最多。」我差點喊出「可惜」兩個字，那四年寶貴的光陰，如流水般的過去，沒抓住些什麼，誰也會感嘆的。反觀自己一事無成，已被列入畢業生的名冊上，能不暗自欷歔？在那一場鏖戰中，我曾痛思過，想要將來有點成就及對教育有點貢獻的話，不是像現在這麼散漫，這麼不求長進，所能終底於成。每夜臨睡前，聽到從臥龍街傳來早鳴的雞啼，內心又有一種說不出的感觸！為何自己老是像在月球上漫步？而不會像一名驍勇的戰士，翻山越嶺，永不回顧的往前衝刺？經過一個短暫的寒假，返校後，我給自己配上一條無形的長鞭，隨時鞭策自己跳出因循、怠惰的樊籠，想做一個自認為驍勇的戰士，從苟且偷生的溫床奮起，為自己殺出一條生路來……。

從此，我比以前更沈默，一枝禿筆也荒廢了。雖然很愛爬格子，但那已成為往事了。只把全付精神都專注於圖書館一套套的教育叢書上。天天勤看那些書，勤作筆記。此刻，方感到過去如能多去發掘圖書館這座寶藏，今天也不必著急帶不走那麼多知識和前人的智慧、經驗。芸芸，現在你該明白為何那段日子，我對你特別冷淡的原因。也蒙你的體諒和默默的鼓勵，讓我能安心埋首於那些書裏，而不旁騖。現在倒覺得有點對不起你，因有時自己也太「無情」了。

我也感到很慶幸，有幾位良師在啓迪、教誨我們，而最有收穫當數實習課了。加上自己課外旁求印證，等到要去集中實習時，緊張的心理，可減到最低程度。於是在實習中除兼行政工作較難辦外，一切尚能應付裕如。但自知這仍不夠好，還有待磨鍊。因往杏壇這條路，自己只跨出第一步，沿途上還不知有多少的荊棘和叢林呢！集中實習結束後，我曾告訴你，要離開那天，師生互擁而哭，不捨離去的情景，及日後孩子們的信件像雪片飛來……現在想起，還心酸得想哭。那群可愛的孩子，為何那麼喜愛我們這些年輕的老師？只因為我們付出了愛和熱誠，引起他們活潑、快樂的氣息。在不得不割愛離別的頃刻，「眼淚」就成為我們永恆的信物。如有位孩子說的：「我們並不是真正的離別。」彼此會永遠記得對方，及那段歡樂的時光。這時我深深體會到奉獻精神和學識才能，才是將來安身立命的關鍵。身負使命尚未完成，永不能終止奮鬥！

芸芸，似乎我說得太多了，會嗎？向來，我不大願意跟人談抱負，談理想，彷彿談多了，便淪為空想，不切實際，遠不如默默去做來得真實。你在校時間還長，但願你能好好把握住，過得充實一些。千萬記得別像我過去那樣懶散、猶豫，徒嘆韶光不再，而不知去利用它。過去做錯了，就不要再後悔，趁現在年輕時候，一切都可從頭開始。

預官考試已放榜了，沒想到會中上別人所愛恭維的「憲官」，害得我每天要做半個鐘頭以上的健身運動。往後的日子很難逆料，不過我相信自己禁得起考驗，不必為我擔心。最後我想說一句話：「這不是畢業。」任何學問、道德修養、專業精神……不是在這有形的學校可學盡的。出校門後，在那更大的無形的學校裏，我們仍要勤快的去學習。芸芸，你說是嗎？

（北師青年第二版，一九七八年六月二十日）

迢迢天涯路

——給致遠

這不再是一個令人欣喜的季節！送人或被人送，揮別的不只那款款的深情，更有數不盡的歡樂時光。想到我們分離後，日子將要變成何等的蒼白？

你說這時鳳凰花或許已開遍了家鄉的小山坡，你將回去造訪它，可能這是最後一次了。往後，天涯海角，不知棲止何處，歸程茫茫，還能瞧見那片開滿枝頭如火海似的鳳凰花？我想拾幾朵織成花冠送你，但已好久沒看過鳳凰花了，是否還有那種心情？此刻，心頭的離愁是越聚越濃了……。

那天，預官考試放榜了，在歡呼的人群中，沒有看到你。後來，在宿舍門口，看著你老遠的拖著凝重的步伐回來，頹喪的搭著我肩膀，勉強擠出一絲笑容，或許是失望過深吧，你反而洒脫的說：「只好當大兵去了。」我怔怔的望著你，訥澀的吐不出一句話。

那夜，許多人都去飲酒慶賀。你也來找我說：「我們也去喝一杯吧。」我陪你去了。我們都不會喝酒，坐了兩個鐘頭，一杯只沾了幾口，你說：「夠了，這還不是借酒澆愁的時候。」我知道你是很能看得開的人，有人說：「學過道家思想的人，碰到不如意的事，都能坦泰的面對它。」我深信這句話，更相信你這時的心境已相當平靜了。可是我卻難耐這段離別前夕的寂靜。或許只有藉著往事的回憶，才能稍忘離別的愁緒。

已過去的一切，不管酸、甜、苦、辣，回憶時，往往帶著濃厚的色彩。現在會驚訝於自己當新鮮人的土氣，而那份可愛，只有從別的新鮮人身上去發現；但當我們坐在濃蔭的樹下，談論王國維的人生三種境界時，倏忽眼前浮現著一幅淒幽的畫，院落中有一座危樓，樓外有西風摧折過的碧樹，一人獨上高樓，憑欄遠眺，望盡天涯路。曾幾何時，我們也嚐著「衣帶漸寬終不悔，為伊消得人憔悴」的滋味？滿懷的熱誠，亟於獻給別人，而當發現迎著你的雜有虛偽的面孔時，那使人卻步的驚駭和失望，彷佛是迷惘的深坑，惑著人直往下陷。「眾裏尋他千百度，驀然回首，那人卻在燈火闌珊處。」那人是誰？是迷失的自己呵！他正孤獨的徘徊在燈火闌珊的角落，冷靜的思考著人生的問題。如戲的人生，誰能容易的演好一個理想的角色？

記得否？我們曾為尼采而爭辯過：「我存在，要像我自己。」我說尼采的思想是偏激的，你卻很欣賞他的勇氣。你說：「尼采說：上帝死了，我們自由了。那股反傳統的勇氣，誰能抵得上？」我沒有反駁，卡繆說過：「上帝死了，我們的責任就更重了。」我只想告訴你，這世上大部分的人，都是卡繆的信徒。卡繆並不偉大，只是他為人類開出了一條無形的大道，他看見了人與人之間的仁愛、人與人之間的責任。

未來的旅程，漫長而艱辛，等著我們一步一步走過去。當我們選擇了這條路時，已意味著人生的意義和價值了。等到那一刻，我們的生命快枯竭時，但願會很自豪的說：「不虛走這一生了。」

但是現在才要開始，多少會玄想一些不切實際的問題。你一定會相信命運是掌握在自己的手中。此去，兩年的軍旅生涯，是否能留下一段多采多姿的回憶，只有靠自己去締造了。你曾說：「一生如有幸，當走盡天涯路。」再過不久，你已是一名執干戈衛社稷的英雄了，天涯海角將留下你光榮的蹤跡。我深深的祝福你。如有一天，迢遙的天涯路相會，我們再來辯論尼采的思想吧。

（北師青年第四版，一九七七年六月十七日）

踏青

蟄居小鎮，整整捱過一個陰雨綿綿的冬季，終日渴盼著陽光，而陽光又遠在何方？心想：這時節也該是冬盡春來了吧。二月中旬，天空終於放晴了，那突破雲層的陽光，和煦地普照著大地，令人喜不自禁的歡呼著……。有一天，謝喜孜孜的找上門來。看她一身輕裝的打扮，我訝異的問自己：冬天已走了嗎？站在我面前的她，不就是春天的姑娘，再看一眼她的打扮，我幾乎就相信了。

「明天到月眉山烤肉，去不去？」她說。

「真的？」這意外的踏青的機會，叫我驚喜。

「伙伴都已找好了。」她又說。

沒有第二句話，我已答應了。抬頭望望當空的烈日，我們會心的笑了。

隔天早晨，一行十個人，各攜著烤具、五香肉、土司和木炭，向四腳亭的月眉山出發。路經淳樸的村家，光著腳丫的村童，近前來好奇的望著我們這群造訪的遊客。有人吹口哨，逗得路旁一群火雞伸長脖子咯咯地跟著叫。一隻狗兒張著嘴對我們吠了幾聲，搖搖尾巴就跑了。我們年輕的笑語，驚擾了寂靜的小村。步上山路，頻頻的笑語，宛如一首年輕的歌，正向山中引吭高唱，而一陣陣的徐風輕和著。

平時聽慣了淅瀝的雨聲，來到這幽靜的山中，別有一番感受。面對眼前一片青山，心中實有無限的思慕，不禁激起「振衣千仞岡」的豪情來。

一條小谿，從山上蜿蜒而下，谿兩岸長滿了芒草，只聽見潺湲的水聲。循著沒脛的曲徑而上，約莫走了廿分鐘，就到了目的地。前面的人喊到了，後面的人還不肯相信的睜大雙眼四下張望著。

「這就是月眉山？不像嘛！」

然而他們都說月眉山已經到了。我仍不明白月眉山是這樣一座不惹眼的小山，不是我想像中的「月眉山」呀。梁引我到一座湖旁，他指著前面的湖對我說：

「那就是月眉湖。」

我仔細一瞧，發現它真像一彎月眉，靜靜地躺在兩山中間，看不見水的源頭在那裏。我想「月眉山」跟它有關係吧。可是梁卻沒告訴我它們有何關係。

大夥兒找了一棵有著濃蔭的樹下，砌好石灶，開始起火，微風吹來，青煙瀰漫。不一會工夫，迷煙漸散，鐵絲網上鋪了肉，肉香味逐漸逸出，火苗上的油汁，發出吱吱的聲音，煞是清脆悅耳。聽了，心裏一陣暢快。

邊烤邊吃。不久，帶去的土司及五香肉都烤吃光了。大夥意興闌珊的躺臥在草地上閒聊；又箸狼藉，餘火淡淡地燃著，頭頂上的陽光已經偏斜了。

我信步走到湖邊。對岸草叢中有位年輕人在釣魚，再過去有間茅屋，門前擺著一條小皮凳，旁邊站著一位老人，那老人出神地望著湖水，陽光慵懶地照在他身上。山靜得出奇。偶而附近的林子裏傳來幾聲鳥鳴，彷彿午後的絕響。湖山一色，清風徐來，拂綹了湖水，一片瀲灩的波光直逼到腳下。湖畔的芒花低吻著水面，岸上幾棵聳立的古木，鋪了滿地的濃蔭。站在樹下，我感到一股幽幽的清涼，直沁入心底。

舉目四望，都是靜悄悄的，心也靜如不興波瀾的一潭湖水，頻泛起一種微妙的感覺。我瞭解那是什麼，因許久不曾擁有過如此寧謐的湖光山色了。

正陷於沉思中，突然有個細微、親切的聲音在我身後響起：

「小哥，你在想什麼。」

我轉過身，看到是謝。

「啊，沒有，我在看那人釣魚。」我順手指著對面垂釣的人。

「這裏好清涼哦。」

「嗯，嗯。」我想不起什麼話，只好敷衍地答著。

難免又會給她批評我「很靜很靜」了。但我不想勉強自己，沒話說，我都是這樣沉默的。

她走後，我在湖畔還待了一陣，她就來喊我上路了。

「我們要到上面的靈泉寺，走吧。」

跟在他們後面，走了一段碎石路，遠遠就看見一座牌坊，上面寫著「靈泉寺」三個字。這時節沒有遊人，寺裏很清幽。到四處兜覽一陣，喝點涼水，趕趕身上的熱氣。前殿正在修建，幾位工人在敲敲打打外，只看到兩三位在禪房打盹的僧人。大夥作興抽籤求願去。

有經驗的廖，告訴我們怎麼抽法：先雙手合十，對著佛祖祈願，再拿杯筊擲地，若是「聖筊」，方可抽籤筒裏的籤；抽完籤，還要擲一次，若是「聖筊」，那張籤詩，才是屬於你的。

最先要投一塊硬幣入擺在香案前的木箱內。蔡說那是通知佛祖來聽你的祈願，大家忍不住都笑出來。不論那是否真實，我們的內心都懷有一股虔誠在。

我興起，也去卜卜看近內的運氣如何。連續擲了兩次，二上二下，不是「聖筊」，佛祖彷佛不滿意我的祈願似的。我不放棄，再來第二回，果然是一次「聖筊」了。取出籤詩，上書：「運逢得意身顯變，君爾身中皆有益。一向前途無難事，決意之中保清吉。」

看完，不禁笑笑對自己說：運氣還好嘛。於是便小心地摺好放入口袋。寺裏一位老僧對我說：「好好保存它，常對佛祖祈禱，佛祖會更加保佑你。」我欣喜的謝了出來。

在寺前老榕樹下乘涼時，我竟想到那些遁入空門的禪師……又想起南宗六祖慧能那句偈：「菩提本無樹，明鏡亦非臺。本來無一物，何處惹塵埃？」那是他們的禪境？對我來說，恐一生都無法「參悟」那虛幻的境界了。

我們再回到湖邊，繞著湖畔走向那座茅屋，那位垂釣的年輕人突然回頭，驚訝的看著我們，彷彿欲言又止。我們報以陽光般的微笑，樂得蹦跳著往前去。

這時幾陣風從山坳裏吹來，咻咻地搖落樹上無數的落葉，湖面像一疋揉縐的綠絨，登時想起馮延巳的詞句：「風乍起，吹縐一池春水。」呵，那是最恰當的形容了。

岸上一列開著紅、白色的杜鵑花，深吸引住我的視線，聞到空氣中一絲絲淡的清香，倏忽猛悟到：春天真的來啦。那最早探知春天的訊息的杜鵑花都開了，春天不是真的來了麼？那一朵朵使人想到春天的杜鵑花呵，盛開在這二月天，在這幽靜的湖畔，驕艷得令人著迷，令人沈醉！彷彿春天的跫音已從山上來了，已從湖的對岸來了。

今年首次在月眉山上看到杜鵑花，我知道：春天已經歸來了。

呵，回去迎接已歸來的春天吧。

（青年戰士報「青年園地」，一九七七年四月二十一日）

鼻頭健行

不知有多少次郊遊的機會，被我固執的摒逐於自築的一道厚牆之外。然而我更嚮往在大自然的擁蔚下，激起生命活躍的氣息，我渴望脫離現實的庸俗，去領受內在生活的悠閑，即使片刻也好。

一顆積鬱已久的心，它強烈的促使我走向大自然，惟有暫時當一名遯世者，才能滌淨蒙塵的心靈。

屬於壓抑的日子，勉強熬過後，我試著去抓住機會；固執，只有坐視機會的流逝，那原本不是我所願意的。

學期開始，有好幾個連續的假日，我加入楊他們所舉辦的行列——鼻頭健行。

鼻頭這地方我並不陌生，至少國中時代級任老師領我們全班去過一次。要從記憶深處去翻舊，固然有些困難，現在有這個重遊的機會，相信印象會更加深刻。

於是不惜路途迢遙，好勝心征服了我們選下這個目標。

清晨，迎著微露的晨曦，沐著清涼的晨風，從學校出發，會合火車站部分的同學，開始了我們今天的旅程。

大家默默守著一顆雀躍的心，臉上堆著溢漾的笑容，談吐間，變得斯文又拘謹，不經意中冒出一兩句幽趣的話語，才打開彼此和樂的氣氛。喜歡製造小噱頭的人，該是最樂了。我們所不能忽略的是身旁這幾位大小姐，雖然平時落落大方，把自己飾演得還可以；但於此，「矜持」卻容易把原有的熱情給冷凝了。如果心中有著不在意的坦泰，仍不會減低遊興，只怕「不稱意」者，急於塑造「主角」的鋒芒，而把來的目的給拘囿了。

起初，楊邀她們的時候，我的興致還是高昂的，但我的習慣，再高昂的興致不稍一會兒也會跌落到完全的冷淡。也許是過於「敏感」的關係，我無法完全控制自己善變的情緒。不瞭解我的人，很容易誤解我所扮演的角色很不明智；但我不是持孤癖者的作風，只要大家還玩得快樂，不要以詫異的眼光來衡量我的作法跟他們差上一百八十度。畢竟各人有各人的個性和看法，想透了這一層，遷就或不遷就別人就不至於作得踰越或不及，而自己也可以為所欲為，不再處處受拘束。

今天我是為尋幽訪勝而來，來接受被人遺忘在文明後面那份粗獷況味的洗禮。許多人爭相的從倥傯的生活裏逸出，當一天半天的「半原始人」，他的樂趣是珍貴的，感覺是新鮮的，才會有那麼多人一批批的自各角落攏來。我不相信，大多數人是為消遣假日的時光或另有「企圖」而來的。楊氣負負的敦促我不要這麼「不通人情」，我何嘗願意在大家輕鬆的時候突然嚴肅了？什麼時候我標榜了自己的高傲？呵！他的想法未免太「感情」了？後來，他諒解了我，我們這份「默契」終於溝通了，我不再猜疑，任何猜疑都足以困擾我的心情。我開朗的當起一名悠哉的「遊士」！

楊交給我一台錄音機，沿途播放著藝術歌曲和輕音樂。我放緩了步伐，細心瀏覽眼前的崇山峻嶺，懸崖峭壁，而腳下就是一景彌望的深藍海面，穿梭在山腰下的是一條迤邐的山徑，人群徒行其中，像一截絲帶斷斷續續的往前蠕動著。海風一股勁的吹拂過來，涼意直沁心脾，雖頂著艷陽也不覺燥熱。我貪婪的像一位在慈母懷抱中盡情吸吮乳汁的嬰孩，怡然的陶醉於山嵐海氣裏。

不只一次，奇妙的景色，吸引我駐足凝睇；從那深海裏掀起的浪紋，岩岸激起的皎潔浪花，韻然有致的濤聲……就那麼容易的我發覺了一個年輕人的渴望和寬闊的胸襟。曾經我跟吳、蕭三人登上「雞籠山」的頂端，俯瞰這裏的全景，我們讚嘆這世界何其浩瀚！何其雄偉！我們自擬為豪邁壯志的英雄，威風凜凜的站在世界的寶座上，有著不可一世的顯赫。吳說他希望是一隻飛鳥，振翮在廣袤的海域上，恣意的翱翔；蕭最沈穩，默默耕耘永遠是他的標誌；我自誓要立於現實和理想的邊緣，燃起一盞熒燈，關照屬於大地的子民。我們都在努力的各奔前程。

當我回首，「雞籠山」穩重的兀立於海的西邊，遙遙相望的「基隆嶼」，酷似一個龐大的鯨魚頭浮在水面。這如靜極的畫面，連向模糊的遠方，視界也消失於敻遠的海涯。只看到蒼茫的天宇和壯闊的海面漫成一片……。

不曉得已走多久了，錄音機也停了響聲，等換過了錄音帶，我才意識到落後他們已有一段距離，急於趕上他們。迨我追上時我有窘迫的感覺，原來他們在前面等我好久了。我試意拉下帽簷，低垂著頭，怕觸到幾十隻訝異的眼光。再往前走，不再是我殿後，而是嚮導了。

原先我們預定兩個鐘頭走完全程，現在是晌午時分，鼻頭角看去僅有呎尺之隔，卻耐不住那條崎嶇山路的迴轉，亟於走到是最大的願望。

路旁的平坦處，被捷足先登的遊客充當營地來了，搭起青藍色的帳蓬，頗饒詩意的點綴在碧綠草澤中。在海灘上嬉水的人，看他們捲起褲管，露出淨白的小腿，任海水熱情的擁簇，忘情的徜徉在清涼海水的浸潤下。頭上戴只斗笠手執釣竿專注的釣者，海浪拍岸的霎那，迸起水花濺濕他的衣裳，本能的往後挪幾步又回復他原來專注的神情。只見浮標在水中晃呀晃的，他仍像木頭人佇立在那兒！他在欣賞他心中的畫，我在欣賞畫中的他。

偌長路程的跋涉，遊人精神抖擻，逸興遄飛，人人有溫馨的滿足，不同的樂趣引領他們進入心靈的境界。踅返的遊人，猶帶著奕奕的神采鼓起勇氣，再往回走兩個鐘頭，擦肩而過時，我看到一張張新鮮而濛滿笑靨的面龐。

我們從海防班哨橫過，馬蹄型的港灣呈現在我們的眼底，多欣會哪！再度親睹漁港的風貌，我有說不出的親切感。不能自禁的衝動，一骨碌我躍上了那道灰白色用水泥築成的防波堤，一時這個靜、美的世界呈現在我的眼前，我的心境一直處於無法平息的讚羡裏；無以描繪的意境，深遠的縷述了一位遊子的祈鳴。站在這可窮目四望的防波堤上，我頓失了感覺，心中一股股的企望在呼嘯的海風中迴旋！迴旋！旋落了一筐的喟語……。

停泊在港內的漁船，隨著薄風微浪的搧搖而起伏律動。靜逸的海面似一疋藍絨展向無垠的天際，午後的秋陽塗著滿臉的金華投射下來，從多綹的海面跳躍出無數晶瑩的粼光。擁抱漁村的山坳，低翔著幾隻白鴿，盤桓在山頭復又消失於婆娑的樹影中。我不禁為這淳樸得不沾一點市囂的漁村獻上無限的慕語，的確，我有著深深的思慕之情。

曾在漁村長大而又遠離漁村，深繫於漁村的戀棧永遠屬於遊子的懷念。

在這裏，樸實無華的古老建築，刻劃著純潔和落後，唯一的古剎散發著宗教虔誠的氣氛，安居於此的子民很難想像他們的生活是怎個樣子？或許海洋是他們第二個家，從他們艱辛的創業起迄今已不知有多少年代？世世代代的子孫在此繁衍，而生活方式一直在與海搏鬥的冒險中。這裏縱有「文明」的蹤跡可尋，它仍然是個淳樸、簡陋的漁村啊！

我們繞過蹄型的碼頭往對岸走去，沿途曝曬著各種不同的「魚乾」，憨厚的村民有的在忙著補綴漁網，有的準備了漁具將出海去……他們對於這些造訪的遊客敢情是司空見慣了，仍忙他們的活，而遊客們毫不受阻的遊逛了整個漁村。

走了將近三個時辰，大家雙腿痠軟的程度，已呈步伐顛躓，不敢再想像回程有多遠了。

為了一圖輕鬆的休憩，我們改乘客船回到出發的地方——水濂洞，船主解開縴繩時，船開動的馬達聲噗噗響起，船滑過水面，白浪滾滾。過去的像船行駛的痕跡很快的消逝，而留於未來的是永恆不滅的念意。這次的健行彷彿重溫一次的舊夢，也更加深了我的懷念。

（青年戰士報「青年園地」，一九七五年十二月八日）

這一天

清晨，在一陣么喝聲中醒來。原以為作了一個惡夢，孰知睜開眼睛一瞧，正好跟父親打一個照面，模糊的視線沒看清他的臉色。一骨碌爬起的當兒，聽見父親半埋怨半慍怒的說：「還不快起來！當閑人的不早點睡，老是起得晚。」今早父親似乎有點急躁，脾氣一反過去的溫和。我看一下腕錶，才六點正。大概是昨夜被名人的「幽默文章」著了迷，近午夜才就寢；不料一大早就被「開戒」，真不是滋味。

「那些菜幫忙炒一炒！」父親說完逕自去理一些工作用具。

瓦斯爐上半鍋飯，還未煮熟就先逸出一股焦味，火力太強了，轉小些。盥洗都來不及，為了趕時間，已顧不得細蒸慢熬，兩三下飯菜已上桌。暗喜自己有這一套，手淨明快，不拖泥帶水，不然應付不了這千鈞一髮的時刻。做工是不能不吃飯的，假如誤了班車，今天也甭想賺一文錢。

飯包準備好了。父親臨出門前吩咐著：「待會你媽醒來，稀飯煮爛些給她吃，要按時吃藥。」

前後不到十分鐘，睡意全消，也許經常緊張，一做完事，整個人突兀的跌坐在椅子上，失神的呆望著忘記了該做什麼！

早晨的陽光，像睡眠不足似的，一點也不明朗，炊煙嬝嬝的屋頂，有著消化不良的灰青色的煙霧。說也奇怪！許多念頭竟被一聲痲雀的驚叫給完全打消。無心再瀏覽晨景，踅返入屋，收拾膳後。一直想著該看些什麼書好？在屬於自己並不多的時間內，應充分的利用。自從母親臥病以來，服侍的時間，我是無法旁顧的，尤其住院那幾天，經常是熬著過來的。現在可好了，母親回家養病，心理負擔也減輕了。對了！一堆積了兩三天的髒衣服，乘便清理一下。以前左鄰右舍的人看到我在洗衣，總會咋咋兩句，說什麼男孩子也會洗衣煮飯，實在了不得。不知她們是在恭維還是揶揄？難道男孩子就不該做這些事？見怪不怪！現在的女孩子到底有多少甘願屈就？恐怕煮一頓飯都成問題。不過，我還是做自己的，管它是讚美或蔑視也好。

慢條斯理，我是不習慣的；尤其幹這些粗活，做不完絕不罷休！做事講求效率，而快並沒有減低效率。我常解嘲的對自己說：這樣的生活不能長久，如果這是生活的全部，我寧願捨棄。捨棄後，我有我的天地，那是滿足又愉快的。事實上，我不能！理想在現實中是要被埋沒的。既然這是生活，我必得接受——且得高興的接受！

看！洗衣服不也是一種享受嗎？我可以少去管手的動作，思維是無形的翅膀，遨遊於藍天白雲之間，詩的王國！童話的王國！更有我的夢鄉……沒有累的感覺，即使有，也只是一陣痠痛閃過罷了！

上上下下照顧妥了後，即興抽出一本「禪的分析」，裏面談到一點：不執著於問題，是禪的精神之一。那些禪師們每當門徒執著問題苦乞請益時，不作正面點醒，指示迷津，而以看似滑稽或無關的動作及言辭，來回答他們，等他們即時頓悟了，才算進入了禪的境界。唯一讓人想不透：他們既不執著於問題，那麼所修者何耶？也許我是門外漢的門外漢，無法「禪悟」這一點。

到附近圖書館閱報回來，已近午時。兩封信倒栽在書架上，一封好熟悉的筆跡，定是那位最愛發牢騷的「騷客」的，果然是他。幽我一默後，便牢騷到底。他說回到家裏，天天面對千篇一律的生活，感到乏味，又孤獨無伴，簡直耐不住寂寞要衝出那「鳥籠」了。信擱在一旁，我無可奈何的一笑，到底什麼樣的生活才滿意？另一封是老黃自成功嶺寄來的，那邊生活一定很緊張，寥寥幾句，便結束了他想說的。想想今年暑假，自己不也是要去見識嶺上生活？想像中嶺上生活新鮮而刺激，恨不得今年寒假就去。

么弟玩了一身泥巴回來，鄭重其事的宣佈他帶來的消息：「哥，聽著！剛才有位郵差送掛號信來，因為找不到你的圖章，叫你到郵局去領。」匆匆又趕到郵局，三角臉的會計員咧嘴一笑，搖搖頭：「還沒回來，下午再來領。」這趟白跑了，急也沒用。我哪會有掛號信？想不透，唉！不想也罷！下午領回來，拆開一看，只是報社寄來的一張匯票，害得我連午飯都狼吞虎嚥，急著趕去，現在胃還隱隱在作痛！

母親叫我去標會，原都是母親販魚的伙伴，事後都跟隨到我家來探望她，似乎她們早作了準備，送水果、送錢的，盛情讓人無法婉拒。每人講幾句安慰話，給她打打氣，就走了。母親感動得淌下淚送她們走，這人情不知何時才能報答？

歇一會兒吧！今天著實太累了，站著有睡意，躺著頭腦卻清晰得很；老想著發生在我們周遭的一切，回憶，回憶！啊！我不要想了。突然，咿呀一聲，門開了，是父親回來了。「啊！這麼早……。」我在心中驚訝的喊著。

「你去領工資，圖章帶去。」倦容的父親，低啞的嗓門，我默然的接過圖章，徒步前往礦場的事務所領工資。回來天已快黑了，霏霏細雨緩緩下著，客運車一班一班的擦身而過，我的步伐只好加快些，擠汽車我是最不願意的。

晚餐，一家人窩在小屋子裏，倒也挺愜意的，讓外界朔風狂吼著，暴雨瘋狂的斜打著屋脊，屋內正洋溢著一片溫暖。最令人欣慰的是母親的病漸有起色，我們亟盼她快痊癒，因為任何加諸於她的痛苦都是不公平的，她為我們付出了相當大的代價。

夜已深了，願自己也願別人今夜有個甜美的夢，明天兩處必定要去的親戚的邀宴，今夜就讓我先品嚐吧！我已累了！

（青年戰士報「青年園地」，一九七六年二月二十七日）

活潑的一群

「老師，我們可以作測驗了吧！」

「可以開始了，就照著説明書上的步驟去做……」劉老師説著，一群小朋友在旁大聲喧嚷，使得她必須提高嗓門：「待會兒做的時候有問題再來問我，現在人數都安排好了，對象你們自己去找……。」

今天，我們來給這些小學生作「瑞文氏測驗」，原先沒有充分的準備，劉老師就宣佈今天讓我們去實習，進來師校兩年多了，可是頭次嘗到這種「新鮮味」。心中油然升起從未有過的喜悦——這種伴著驚異的喜悦是植根於心深處的渴慕，當我擁有了這個機會，沒有別的指望，唯一使我樂於去接觸的永遠是那一群充滿童年歡樂的「小玩伴」。

純真、活潑、可愛掛在他們靈慧的臉上，有數不盡的歡笑讓人去掬取。當我也用心靈去感受時，無上的滿足牽引著我，走向他們的世界——他們的世界啊！使我活在過去和未來的夾縫裏觀望，觀望這個有情世界賜給人一種歡愉的力量途示他走向生命的里程。

劉老師跟他們說這個「填圖樣遊戲」，小朋友一致欣喜以待。小小的心靈讓人容易聯想到美好的詩意，我們所要給他們的正是富有詩意的純情，不忍刺激到他們的小心靈。我暗自感動著，儘管他會不經意調皮的逗你，嘴角一絲淺笑仍掩不住亢奮的心情隨即觸發熾烈的意念，急於脫去那一層現實，老成的外衣，加入他們蹦跳的「行列」。此時，我覺得心境淨得有如他們的純潔。該我付出的時候，容不得有絲毫的吝惜，我所執著的，不是別人所能忖測的呵！

「小朋友，你的反應很快，很不錯，你喜歡它嗎？」

「喜歡！」

作完了一個，令人難以相信小學一年級的兒童有這樣高的程度，談吐間，益發使人喜歡他。聰慧、靈巧在他們之中這是普遍的現象。我發覺幾年前跟現在或者鄉村跟都市的兒童都有不同的典型，許多人會認定現在的兒童比過去的兒童聰明多了，都市的兒童也比鄉村的兒童活潑多了。或許是他們生長的環境不同，都市的孩子無論從那方面去證實，都要比鄉下孩子佔便宜。我們不能一味的護著都市的孩子，而忽略了尚有無數待人啓智、開引的鄉下孩子。田野風味，綠山碧水孕育他們的靈氣、慧質，都市孩子則缺乏自然的陶冶；各有他們值得驕傲的一面。無分軒輊的啓導他們，才是成功的教育。

我們這群喜歡湊熱鬧的大孩子，把全部的測驗做完後，帶他們玩遊戲，望著整片

「烏壓壓」的蘿蔔頭，實又忍不住「赤子之心」的湧現，當他們「得寸進尺」糾纏你的時候，你的笑聲比他們的喧嚷聲還要大，樂得你合不攏嘴來。

「我們來玩老鷹抓小雞好嗎？」幾位小女孩互牽著手想徵求我的同意。

「好啊！誰當老鷹？」

「你！你！你！」她們直指著我，爆出一連串如銀鈴的笑聲。看我這隻「大老鷹」不把她們這群「小雞」吃光才怪哩！

「好！要抓了！」帶頭的「母雞」瞬即張開手臂護衛她的「小雞」，看來蠻有一回事，為了不失精彩的表演，「大老鷹」也擺起架勢作俯衝狀，嚇得「小雞」一潰而散。後來，我自動要求當「母雞」，她們說我是男生怎能當「母雞」？正在爭執不下時，劉老師跟最後一批同學要回校了，我不得不走，向她們說聲再見，雙腳剛踏出一步，從後面還衝來一位小男孩，一股勁的抱住我，向我討口香糖，還要求我把他抱上來，倒蠻會享受？過過癮也好！我說他門齒沒有了，還能嚼口香糖嗎？他還是不承認沒有門齒嚼東西會不方便死纏著我，不得已，只好開出一張難以兌現的支票：「下次來，再帶給你。」果然，他答應了，又跑回他們的伙伴那兒去，望著他瞬去的影子，不禁莞爾一笑，提著測驗範本拔腿就跑，一路上猶反覆想著那一張張爽朗的笑臉……。

（青年戰士報「青年園地」，一九七五年十一月十八日）

老大的滋味

每次問起朋友的排行，而所得到的答案是「老么」時，心裏的感應總是羨慕和喪氣並起。羨慕的是：老么在襁褓中就已備受呵護和撫慰，及幼又受兄姊們友愛的溫沐，那種最幸福的生活。喪氣的是：命運似乎早已註定當老大的人必須擔起「特殊的責任」——那份無形的「枷鎖」就顯得無比的沈重。

父親本身就嘗盡了此中辛酸。他常安慰鼓勵我要作好榜樣，勇敢的面對現實。以我現在的情境比起父親一生中的經歷，我是幸福多了。

父親十四歲那年，祖父右手因被毒蛇咬到不治而成殘廢，一群嗷嗷待哺所仰仗的人已失去謀生能力，那份重擔無疑的落在父親肩上。家道從此在慘淡經營中渡過十一個年頭，父親一生的前途也斷送在這樣窮困的奮鬥、掙扎中。那年，甫過半百的祖父壽終正寢，十位遺孤與母相依為命，痛失親人之餘，誰能想像那種日子是怎樣熬過的？寶貴的生命，長年跟鋤頭為伍；青春的消逝，有誰憐憫？父親幹過水泥工、苦力，也當過發電廠員工；就在當員工時，有一次升遷的機會因跟人發生齟齬而辭了職。最後，不惜和生命賭注，走進了礦坑，白天在那黑漆漆的世界裏傾注勞力，默默的消磨過無數的歲月，直到現在。

望著他佝僂黃瘦的身影，不忍想像那乖舛的命運殘噬一個人還繼續鏤深那歷歷的舊痕，呵！感恩和愧疚，令人含悲落淚……。

打從懂事開始，不曾聽過父親提及往事時而有半絲悔意，他仍孜矻的工作，供我們上學，即使家境再拮据，咬緊牙關，隱藏痛苦，也從不讓我們失望。而我，對於生活的擔負，彷彿很遙遠的事。

頗有景氣的家業，慢慢的即將興旺起來。但誰也沒料到，接踵而至的是家族失和，最使人痛心的是因此而告分裂，受打擊最大的還是父親。這時父親才醒悟：一群孤兒翅膀都已長硬了，便忘了那段茹苦含辛培育的手足深情。毅然走出這個家，父親惦念的只有老祖母晚年的生活。然而身邊這個包袱卻提醒他：只有再度堅強的揹起來，往後顧盼是多餘的。命運製造了不可宥恕的結局，看開了，那原是一場夢，另一個開始才象徵著真正的希望。

我永遠不能忘記小學畢業那年。還居不到兩年，舉家仍在窮困中打轉，目睹此情境，還容我躊躇？立即該下決定了：就業去。父親得知後，真的動怒起來，聲色俱厲的喝斥，宛如不可抗拒的怒濤逕衝向我而來：「你有什麼理由不升學？除了安心念書外，還有什麼可讓你操心的？說！」我答不上話來，我沒有勇氣將我所想的坦白說出來，那將會使雙親失望，只有默默領著他悽惋的訓戒：「你內心想什麼，我也許知道，但你也該想想。多年來那一個波折我們沒克服了？供你念書是我們的責任；你不曾想到當年想讀書的人都沒得讀，而你現在自己要放棄？何況你是老大，將來弟妹都要靠你攙扶、提攜，如果你第一步就踏錯了，那我們家只好永遠的窮困下去。」

只因為我是老大，為雙親所寄望的人，受苦的應止於這一代，這是雙親不原諒我輟學的原因。

我常想：艱困的環境並不足懼，可悲的是有的人情願將自己鬆軟下來，終被它所吞噬。

自我意識現實的生活是必然的磨鍊後，深信潛蘊的能力足夠我向命運挑戰，該自立的時候，就應試著去作，仰賴別人到底沒有紈袴子弟那麼福逸。何嘗願意聽人說你懦弱，是在父母心目中永遠長不大的孩子？

雖然在思想上，我極盡盲目的摸索；在生活的試煉中，我仍是資淺的人。但我沒忽略繁縟的瑣務仍是最切實的體驗。生活本是一部邊欣賞邊思想的書，只要不埋沒那份天賦的良知，何事還令我裹縮、畏葸？

父親常因不能在學業上指導我而時有愧言，而我對於弟妹們益形器重，開導他們，使他們漸離愚昧的束縛，輔助他們在教育的薰陶中走上光明的道路，而前途則決定於他們自己去體認、奮鬥。就像雙親的心願：不要再同我們一樣的賣勞力、做苦工就好。父母的劬勞雖不望我們報答，但他們付出的心血不是白流的，灌溉一株幼苗欣見它的成長、茁壯，有了安慰，也就心滿意足了。

如果我不是為長的話，也許不會訓練我這些。體驗到的苦難要比弟妹們深一層，而生活的改善往往叫人忘了過去的一切，這都是前人的福蔭所賜，我們可不去繫念過去，但不能忘記目前的責任，這個「責任」不再是可憂懼的東西，我應以擁有它為幸。

（青年戰士報「青年園地」，一九七五年八月二十四日）

附錄一

自我介紹

研究所開課那一天，我懷著興奮的心情，走入教室。教室內已經來了幾個人，都是生面孔，我們彼此點頭微笑，不發一語。我選了稍後的座位，以便觀察四周的動靜。坐在前頭的兩名女孩，先打開話匣子閑聊；後來又有一名女孩加入，交談略微熱絡，還不時發出輕脆的笑聲。坐在旁邊的那名男孩，始終看著窗外，好像對外面的景物很感興趣。不久，十個人都到齊了：有的神采奕奕，有的臉色蒼白，有的含情脈脈，有的冷若冰霜。我感到氣氛不夠融洽，第一次見面應該把每顆心緊緊繫在一起，往後的日子才會好過。我期待有人出個點子，來消除彼此的疏離感。

距上課還有幾分鐘，多數人除了稍顯焦躁不安，依然沒有什麼進展。大家似乎都在等待一種奇遇，好讓自己毫不費力的走入別人的心靈世界，也使別人很快的進入自己的心靈世界。鐘聲響起了，一位額頭微禿的年輕教授，闊步的走上講台。眼鏡後面兩道炯炯有神的眼光，掃視全場一遍後，他取出名冊，準備點名。趁他還沒有喊我們名字前，我舉手請求發言：

「請問老師，是不是在您點名後，我們還要上台自我介紹？」

教授被我這突來的問話給愣住了。既然由他點名，何必再自我介紹，多此一舉？

教授想了想，反問我：

「你有什麼高見？」

「不敢！我只是想如果要自我介紹，我倒有個建議。」

「那你說說看吧！」

教授的口氣緩和了下來，我也鼓足勇氣，把剛才想到的辦法，說給大家聽：

「以前的自我介紹，都流於形式化，往往說的人不能盡情的說，聽的人也不能忘情的聽，因為每個人上台好像在推銷自己，不免令人覺得尷尬！所以彼此敷衍了事，實在沒有多大意義。」我潤潤喉嚨，瞥見其他人都轉過頭來看我，彷彿這一針穿過十個人的心靈的線，快要奏效了。「現在我們不妨改變方式，由別人來介紹自己。」

話剛說完，底下的人立刻面面相覷，不明白連對方名字都不知道，如何去介紹？

我看出了他們的疑慮，從手提袋取出一疊紙張，繼續說：

「每個人把自己的簡歷寫在紙上，彙集在一起，反蓋在最前排的桌上，然後大家輪流取一張上台介紹。在作介紹時，除了別人寫的要念完，還可斟酌情形，加上自己的意見，最後再請被介紹的人起立跟大家見面。如果拿到的紙條是自己的，也要當作別人來介紹。」

辦法説完了，不少人微笑的點點頭，好像很支持我的想法。我請示教授是不是可行，教授很爽快的説：

「可以。」

發下去的紙張，在三分鐘內都收回來了。我把它整理好，放在最前排的桌上。這時誰也不知道那一張是自己的。我問大家：

「一切都準備妥當了，由誰先來？」

沒有人反應。坐在講台旁的教授開口了：

「你是倡議人，就由你開始吧！」

我曉得這是義不容辭的事，於是任意抽出一張，帶上了講台。看到紙條所寫的內容後，我微微一笑，説：

「現在我要介紹的這位來自『宜蘭』，湊巧是我的同鄉。『現在住石碇』。『今年實歲三十，虛歲三十二』，這算數好像有問題。」説到這裏，有些女孩掩嘴笑了。「『已婚，育有一女』，這好極了，將來他讀不完的書，可以要他女兒繼續讀。」底下又傳來一陣笑聲。「他説『曾在小學服務八年』，希望他以後跟我們講話，不要使用『兒語』才好。」這次連男孩也有人在拍腿叫絕。「他又説『這次很幸運能考上研究所，除了要認真跟老師學習，還很樂意跟同學切磋琢磨』。他的名字是『楊允中』。我們請他站起來給大家看看。」大家都急切的想一睹這名「老學生」的廬山真面目，左看右看，仍然沒有人站起來。我又接著說：「各位不必找了，他就站在你們的面前。」我深深一鞠躬，眼前爆出了如雷的掌聲。

教室內的氣氛，霎時變得頗為熱烈，原先的隔閡也逐漸消失了。接在我後面的是一名男孩，他捧著紙條，邊走邊看，不小心跌了一跤，差點撞到黑板。他站定後，扶一扶眼鏡，先說一句：「我忘了這裏還有一個講台。」大家為這句話，再度鼓起掌來，連一向嚴肅端坐著的教授，也咧嘴而笑了。

男孩所介紹的是一名女孩，當他說到她的特徵有一頭烏黑的秀髮時，大家的眼光都投向座位上唯一留著長髮的女孩身上，使她頗感難為情，羞怯的低下頭。可是出人意表的，最後站起來的竟是另一名女孩。她說：「我就是陳翎。」她順手把頭上的髮髻弄鬆，頓時逸出一撮黑得發亮的髮絲。大家被這意外的舉動，逗得樂不可支。有人忍不住嚷了起來：「她真會演戲！」

第三個上台的女孩，略嫌瘦小，但面龐清秀，眼珠子黑白分明，有意無意間，透出一股懾人的寒氣。她噘著嘴，看了一眼紙條，然後一字不漏的背下去：「我叫王璇，祖籍北平，在家排行老么。以前的老師勸我多學點家事，而父母卻要我多讀點書，不知如何是好。現在我想通了，先來這裏印證父母的話，將來結婚後再去印證老師的話。」她背完後，又補充一句：「我覺得她的話，已經夠清楚明白了，不須要我多費唇舌。」大家似乎還在等待什麼，她已經走回座位。有人對她說：「你還沒有請對方跟大家見面。」她不慌不忙的站起來，對大家嫣然一笑，說：「在下王璇，請多指教。」她的話一出，大家都會心的笑出來。

接著上台的男生，比前幾人更謹慎小心，他走近講桌，放下紙條，輕輕的搓搓手，先來一段開場白：「老天保佑，希望這張不是我自己的，不然就沒有戲可唱了。」他用力一翻紙條，眼睛瞪得直直的，半晌才喊出來：「哈！果然不是我的！」他清了一下喉嚨，說：「他叫『鄭文達』……」男孩突然停住話題，許久才接下去說：「鄭文達下面沒有了。」男孩的話，讓底下的人齊聲噗嗤一笑。他會出了意思，趕緊補充道：「我是說鄭文達名字底下沒有別的話，請大家不要誤會。」

輪到鄭文達上台時，他帶著喪氣的口吻說：「我不多寫，是擔心被人『修理』，沒想到還是被人『修理』了。」他把話題轉回來：「不過沒關係，下面這個恐怕更糟糕。他叫『魚鬆』，住在『淡水』，『家人以打魚維生』。」鄭文達突然兀自忿忿不平的大嚷起來：「豈有此理！父親打魚，兒子就叫『魚鬆』，那殺豬的兒子，是不是該叫『肉鬆』？」

這時座位上有個男孩站了起來，大家看清楚他正是介紹鄭文達的人。他對大家哈腰的說：「我是『虞嵩』，不是那個『魚鬆』。別人不會念『嵩』，都叫我『魚膏』（虞高）。」虞嵩轉身又對鄭文達說：「你的眼力不錯，一看就知道我叫『魚鬆』。」

大家正被「魚鬆」、「魚膏」的聲音，搞得暈頭轉向時，一名長髮披肩的女孩步上了講台。她慢條斯理的說：

「剛才各位誤會我是陳翎，其實她的名字好聽，長髮也漂亮，跟她一比，我遜色多了。」大家被這謙虛的語氣迷住了，眼光久久沒有離開過她。「現在我介紹另一名女孩，她來自『屏東』，會講『客家話』、『閩南話』、『山地話』、『廣東話』。當然，她還會講國語，不然她怎能在這裏？」想不到這位溫柔的女孩，也會開玩笑。「我不多說了，就請『徐心笛』跟大家見面。」

徐心笛站起來時，大家驚訝得張口結舌，他居然是個男的！台上的介紹人，伸伸舌頭，向大家致歉道：「我不知道他是男生，才會用錯詞，請別見怪。」這位會說多種方言的男孩笑一笑，用閩南語說：「免客氣！」又改用國語說：「你不是第一個說我是女生的人，我所收到的廣告信，十封有九封稱我為小姐。可見這個社會，還是女生比較吃香，所以我也就不改名了。」徐心笛後面這幾句話，雖然一派歪理，但使台上的女孩鬆了一口氣。

一陣喧嘩過後，徐心笛走上講台。他很得意的說：「我們終於可以看到真正的女生了。她叫『蘇筱惠』，世居『南投』。南投出美女。她一定長得很漂亮。她說『對戲曲、小說很感興趣，將來大概也是從事這方面的研究』。如果她把我們這段故事寫成小說的話，希望給我取個化名，免得那些我的愛慕者，對我失去了神秘感。」他的話，又引起一陣騷動，有的女生頻作嘔吐狀。「現在我們請這位美女出場。」被請的人，站了起來。「怎麼是你！」徐心笛看呆了，原來她就是介紹他的人。

「是我，沒錯呀！」蘇筱惠仍是一副嬌羞的模樣。「謝謝你的誇獎！還有你的構想也不錯，可惜我只會看，不會寫，不然一定以你為主角。」

還有三名沒有亮相，他們的座位，大家都知道了。接著輪到女孩上台，她拿起紙條，在空中揚一揚，說：「真巧！我要介紹的人，正是跟我同窗四年的好友，她就坐在我的旁邊。」我想起她們就是最早在教室聊天的那兩位。「她姓『林』，名『馥蘭』。脾氣好，功課好，文筆也好。她希望能寫一、兩本比較出色的書，我們祝她早日成功。」她的介紹詞，令人聽不出到底那些是原稿上的，那些是她自己的意見；也許除了姓名，其他都是她的話。

林馥蘭接著上台，她面帶微笑的說：「『心有靈犀一點通』，這張紙條竟是我好友的。跟她相處四年，最讓我感到快樂的是我們的默契好。剛才她的讚美，我不敢當。其實，她的美德，那些話還不足以形容呢！以後各位就會見識到，不必我多說。現在只介紹她的名字：『張昕』。」

最後上台的是陳翎。她看了看紙條，又看了看座位上唯一沒有被介紹的男孩，說：「你很不幸，大家都知道我要說的人是你。不過你剛才跌一跤，已經賺取不少掌聲，夠本了。」陳翎皺了皺眉頭，繼續說：「你還真有一手，只寫『高雄縣人』、『二十二歲』、『未婚』、『其他無可奉告』，難道你是無名氏嗎？」這位仁兄被陳翎一問，立即起立，臉色赧然的直奔講台，在紙條上補寫他的名字。他邊寫邊道歉，並且說明名字是遺漏，不是故意不寫。陳翎逮住機會，又大作文章：「他叫『吳我』，跟『宰我』只差一個字。大家都記住他有健忘症，下回跟他一起搭公車，千萬要提醒他，以免他搭錯車！」陳翎一席話，說得漂亮，大家給她最熱烈的掌聲。

自我介紹已經到尾聲了，我們都忽略還有教授在一旁，剛才恣意的胡鬧，不知道會不會挨罵。我們只好等著聆聽訓責。教授又闊步的跨上講台，一開口就說：

「誰來介紹我？」

我們為教授唐突的問話，訝異不已，沒有人敢吭聲。

「既然沒有人介紹我，那就算了。下課！」

這回我們不只鼓掌，還想上去擁抱他。沒有料到教授會在這齣戲的尾端，給我們圈上這麼完美的句點。

走出教室，每個人臉上都洋溢著歡笑，腳步也顯得特別輕快。這時，陳翎走過來問我：

「你第一個上台，真的是碰巧拿到自己的紙條，還是事先動了手腳？」

我笑笑的說：

「你猜？」

（青年日報副刊，一九八八年十月七日）

附錄二

過河卒子

我們這些老光棍當中，比較幸運的要數黃甫。他相親過十幾次，也有無數的女朋友，天天陶醉在胭脂粉圈裏。而老劉、老張和我，到現在連個女人身上的香味都沒聞過，白白看著別人享受不盡的艷福。説實在的，像黃甫三天兩天就帶個女孩在我們面前炫耀，真令人羨慕得心旌飄蕩。不過，一向矜持慣了，還是不敢透露心底的愛意。也許就是這個緣故，註定我們一輩子娶不到老婆。

昨天下班後，黃甫一反往常的清理了一身的邋遢，並且去理髮店剪了一個紳士頭。當我們詫異的眼光還沒安頓好前，他先發制人的説道：

「不必驚訝，這次不是帶小姐看電影。」

「那要去那裏？」老張等不及的發問。

「上電視亮相。」

「什麼！」老劉從椅子上跳起來，「你改行當演員？」

「嗯？」黃甫愣一愣，笑著説：「我這做工的材料，誰敢要？」

「那你上電視幹什麼？」

「相親。」

原來黃甫偷偷跑去報名「我愛紅娘」節目，日前接到通知，今天要上電視。我們雖然有點忌妒黃甫的風流，但是聽到這個消息，卻比他本人還高興。我們想黃甫已是快四十歲的人，還跟我們窩在單身宿舍裏，未免太過辜負自己的青春。於是大家聚在暈黃的燈光下，替黃甫出點子，怎樣贏得美人的芳心。

「黃甫，」老張慎重其事的說，「你一定不能表現得太老到，不然對方會以為你是老頭子而不選擇你。」

「這我知道，」黃甫說，「以前我只告訴別人我才三十歲，沒有說過真正的年齡。」

「不是談年齡，而是注意你的談吐，不要使對方察覺你交過許多女朋友。」

「對，」老劉也附和道：「一般純潔的少女，都不喜歡他的另一半有什麼風流韻事。」

「還有，」老張搶過黃甫嘴裏的菸，「當主持人在開你玩笑時，千萬別笑太大聲，也不要急著回答而說錯話。如果毛毛躁躁，會把小姐嚇退。」

「是，是，」黃甫好不容易逮到機會說話，「你們傳授我這麼多方法，我有把握將美女贏回來。」

今天，我們焦灼的等待黃甫的消息，可是到傍晚還看不到他的影子。老張撥電話到製作單位找人，他們說錄影已結束，所有參加的人都走了。這時我們開始有不樂觀的想法，說不定黃甫失敗而不敢回來。

「也許他們正在幽會呢！」老劉表示不同的意見。

「那就不夠意思嘍！」老張憤憤的說，「找到美女，也不先讓我們知道，還算什麼朋友！」

「不必猜測，」我說，「等他回來，就會知道實況。」

深夜了，黃甫蹣跚的走回來，還帶著滿身的酒氣。他悶聲不響的倒在床鋪上，害得我們虛驚一場。

「黃甫，」老張趨向前說，「一次失敗，何必這樣折磨自己？」

黃甫緩緩地翻下床，環視我們一眼後，說：

「我沒有失敗，她最後選了我。」

「那你怎麼獨自在慶祝成功？」老劉不解的問。

「太意外了，我差點下不了台。」

「是不是你不中意她？」

他沒有答話，卻反問道：

「你們知道她是誰？」

被他一問，我們三人面面相覷，覺得莫名其妙。還是老張先開口應話：

「是我們認識的嗎？」

「不錯，八年前就認識了。」

「到底是誰？」老劉耐不住急性子，搶著說：「快說出來，不要賣關子。」

「彭碧玉。」

「什麼！」我不禁喊了起來，「她不是你第一次相親見到的人嗎？」

「就是她。我剛看到她時，心裏涼了半截。主持人直催我說話，但是舌頭好像打結，一句話也說不出口。」

現在我們可以猜著是怎麼回事了，天下總有不少碰巧的事。一個單身漢，一個單身女郎，分手八年後還能相見在這個場合裏，莫非是老天有意的安排。如果黃甫眼光不太高的話，這就是他成家的好機會了。

「你應該善待她。」我對黃甫說。

「我受不了她的脾氣。」黃甫又重提舊話。

「脾氣可以改變，何況她也耽誤了八年，應該不是你想像的樣子。」

我看看兩旁的老劉和老張，又看看低頭不語的黃甫，突然有一股悲哀的感覺湧上心頭，如果老劉有這種機會，或者老張有這種機會，也許他們老早就有兒女來承歡膝下了。

「黃甫，」靜默過後，老張輕拍著黃甫的肩膀說：「為什麼喝得醉醺醺的？」

「我們吵架。」黃甫淡然的答道。

「相逢是喜事，幹嘛吵架？」

「一出門，她就纏著我。她說這次不是做兒戲，假使我不理她，她要尋短路。」

「當然是這樣，」老劉也在幫腔，「人家一個大姑娘，被你一甩，她的臉往那裏擺？」

「可是她的意思是要成親。」

「最好了，」老張說，「現在你不結婚，再過幾年，別人嫌你老，恐怕討不了老婆。」

「唉，唉，事情不是那麼單純！」黃甫還想辯解。

「難道你有什麼苦衷？」

「我願意跟她交往，但不願做夫妻。」

我暗地替黃甫感到可惜。其實彭碧玉也是個善良的女孩，又勤勞又能幹，黃甫還嫌她那一點？

「你有跟她明講嗎？」我問黃甫。

「她一直哭哭啼啼，沒有我講話的機會。」

「最後怎麼解決事情的？」

黃甫搖搖晃晃的推我到一旁，附在我耳旁說：

「她發完脾氣，就在咖啡廳要跟我談和。」

「你不接受？」

「不是，她在那裏大嚷……。」

「嚷什麼！」我有點厭煩黃甫婆婆媽媽的態度。

「她說，」黃甫學著彭碧玉嬌痴的口吻說，「從今天起，你不要嫌我暴牙，我也不嫌你嘴歪，我們好好組成一個家庭。」

「哈！哈！」另一邊老劉、老張同時笑出聲。老劉接著說：「人家愛你，才會這樣說呀！」

「唉，」黃甫無可奈何的輕嘆一聲，「全咖啡廳的人都在看我們，我羞死了，還有勇氣待下去？」

「你們的事還是沒有完了。」我說。

「我向她說：以後再談，我沒有臉再坐著喝咖啡。然後，我一個人跑去喝酒解悶。」

我終於明白真相了。有人總不承認自己年紀大了，還想討個年輕貌美的太太，這比起那些只要是女人就可成親的光棍，不知道誰較可憐？也許兩者都可憐吧！

（青年戰士報副刊，一九八三年八月十九日）

附錄三

煤鎮的春天

一

濕冷的冬天剛過去，緊接著綿綿的春雨又來臨了。

基隆河北岸的街上，那些忙碌的人群，也許不知道春天已經來了；但住在南岸的幾户人家，卻早已聞到春天的氣息，正忙著修理他們的船，準備下河去工作。

靠近橋頭的地方，有一幢陳舊的木屋，那是莊水土老夫婦的家。他們年輕時，在這一帶替人擺渡，自從兩岸架起水泥橋後，便改撈河底的碎煤。那些碎煤有的是在地層裏被雨水沖下來的，有的是在上游的礦場洗煤炭時，隨著廢水流下來的。這對不再年輕力壯的渡船人，知道河底還蘊藏著無窮的財富，於是十幾年來，不曾離開過這裏。直到最近，許多行業不景氣，有些人打起這裏的主意，搶著來挖碎煤，他們才開始著急，偶而也會惶恐不安。

「他又來了！」莊老太太慌張的從門口走進來，臉色發白的說。

「誰？」躺在床上抽菸的莊老先生，漫不經心的應著。

「有個年輕人一直在門外窺伺我們。」

「可能是路過這裏的吧！」老先生說。

「不！」老太太搶著說道，「這是第三天了！」

莊老先生緩慢的翻下身，朝門外走去。過了一會，老先生背後跟進來一個衣衫襤褸的年輕人。

「你先把濕衣服換下來。」老先生取出兒子的衣服，對年輕人說。

站在門邊的老太太，詫異得說不出話來。等到丈夫把年輕人帶到飯桌旁，她才醒悟過來。

「他已經兩天沒有吃飯。」老先生對太太說。

老太太掀開電鍋，盛滿一碗飯：

「沒有菜，只賸醬瓜，你將就著吃。」

年輕人端起碗筷，囫圇的吞著飯。

「你怎麼不回家？」老先生問。

「我剛從家裏出來。」年輕人回答。

「外地人？」

「是的。」

「你打算做什麼？」

「我很想做些事，」年輕人嚥下一口飯說，「可是我活不過今年春天。」

「什麼！」老太太在旁邊瞪大了眼睛。

「我有癌症，不久就會死掉。」

老太太雙眉深皺，焦慮般的望著丈夫。

「你很健壯，不像生病的人。」老先生疑惑的說。

「外表看不出來，只有我心裏明白。」

「你不去醫院治療，怎麼跑到我們家來？」老太太說。

「醫生救不了我，我不願在那裏等死！」年輕人抹著嘴角說，「同時我也擔心家裏付不起醫藥費，才逃跑出來。」

「你喜歡我這裏嗎？」老先生好像預感到什麼似的說。

「兩天前我就到這裏，正好看見你們在撈碎煤……」年輕人略為停頓後，又說：「也許可以請你們給我一份工作。」

「不行！」老太太打斷對方的話，臉上的皺紋一條條的閃動著，「你有病……而且我們也沒有多餘的工作。」

「我不會連累你們。」年輕人神色堅定，兩眼注視著趨向前來的老太太，「只要給我工作，不要報酬。」

坐在皮凳上沉思的老先生，終於起來支開老伴，轉身對年輕人說：「你不嫌棄我們，就留下吧！我兒子去當兵，有空房間。」

「謝謝。」

老太太已經忍不住心裏的憂愁，急躁的把丈夫拖到廚房去。

「你怎麼這樣胡塗，竟然留一個快死的人在家裏！」丈夫被咆哮了一頓。

「難道要趕他走？」老先生不疾不徐的說，「如果他不走，凍死在門外，怎麼辦？」

「平白的替一個陌生人料理喪事，別人會笑我們傻瓜！」老太太一邊嘀咕，一邊洗著碗筷。

「唉，聽老天的安排吧！」老先生低沉的嘆氣聲裏，似乎也在安慰著太太。

晚上，屋內三個人的談話，不時被外面的雨聲打斷。暈黃的燈光下，年輕人微窘的答覆老夫妻的盤問，但是他始終不透露自己的身世，只告訴他們他的名字：羅漢。

「羅漢，」老先生憐惜的說，「你還是去找醫生，也許你的病還能治好。」

「不必勸我，我不要再花冤枉錢。」

「那麼我們也不敢給你工作，萬一……。」

「你放心，」羅漢接著說，「我就是需要活動，不然會死得更快。」

在一旁憂慮過多的老太太，忽然兀自的啜泣起來。

他們越來越細微的談話聲，很快地被黑夜的雨聲吞沒了。遠處傳來的汽車喇叭聲，也在一霎那間就消失了。只賸下風雨在屋外不停地呼嘯……。

第二天早晨，雨停了。老先生夫婦和羅漢三人，揹著籮筐向河邊走去。沿路有幾位婦人啞然的望著他們，老先生停在船邊跟另一人說話時，羅漢把斗笠拉向前，半遮住臉龐，迅速的將船纜解開，逕自推著船下水。

「阿土叔仔，你請來幫手？」這邊一位婦人問。

「他是我姪子，」老先生若無其事的答道，「過幾天他就走了。」

「他多住幾天，會替你賺一筆錢。」

「那裏，」老先生赧然一笑，「年輕人不會對這個有興趣。」

「他來玩玩而已。」老太太附和的說。

平時，老先生撐船出去撈碎煤，老太太在岸上清理煤堆裏的細石和雜物。今天，船上多一個人，老先生不得不仔細的吩咐：

「你在船尾要坐穩，身體不能太傾斜，否則會翻船。」

羅漢聽從老先生的指示，坐在船尾。他的面前擺著竹筐和鐵製的網勺。當船慢慢划到河心，老先生就會提高嗓門，從船頭傳來一句話：「羅漢，把錨拋下。」然後他們就開始工作。

不久，河面上多出了幾條船。羅漢像頭蠻牛般的賣命的撈，汗水立刻滲透他的衣背。

「年輕人，慢慢來吧！」船頭的人說。

「別人會把它撈光。」船尾的人應道。

「他們辦不到。」

「辦得到！」

羅漢爆出冷冷的一句話後，又繼續說：「將來整條河裏都是人，恐怕連一粒煤炭都撈不到！」

老先生一時語塞了。他摸出半截香煙，啣在嘴裏，兩眼迷茫的望著河岸。這頭，羅漢還在用力的撈碎煤，污濁的廢水從他的網勺中，稀疏的掉落下去。

二

灰濛濛的天空終於放晴了。陽光從山頂照射下來，樹林裏呈現一片亮麗的綠色。幾道炊煙從山邊嫋嫋的上升，和金色的陽光互相輝映。街頭上空，一群鴿子正在興奮的飛旋，同時引起幾陣野狗的吠叫。

這邊莊老先生的船，正在河岸卸碎煤。有一條船緩緩的靠攏過來，船上的婦人扯起嗓門說：「阿土叔仔，不要撈啦，上面的人發現了黃金，趕快去呀！」

老先生已經跳下船，穩穩的扶住船頭。他的視線落在發呆的羅漢身上：

「羅漢，把竹筐抬出來。」

羅漢突然驚醒，急忙的從船上跳下來。他把兩竹筐的碎煤抬上岸後，倚著船舷說：

「她說上面有黃金，是真的嗎？」

「你相信她的話？」老先生說。

「我們去看看，就明白了。」

「我不去。」

羅漢撇下老先生，自己沿著河邊往上走。直到他的影子消失在遠處後，老先生才把船撐出去。今天老太太生病在家，他臉上分明的佈滿了愁容。現在他好像在等待什麼似的，遲遲不把錨丟下去，只任船隻隨著河水往下漂流。

老先生的船被漂到對岸。他點燃一根煙，坐在船頭沈思。半小時後，羅漢回來了。老先生撐著船過來，問羅漢說：

「有沒有看到黃金？」

「他們派人把守，」羅漢顯出氣憤的表情，「我連靠近的機會都沒有！」

「哈，」老先生乾笑一聲，「那裏怎會有黃金！假使有，三十年前就被淘光了。」

「但是他們大大小小都下河淘東西，好像真的有黃金。」

「不要做夢啦！還是在這裏挖碎煤吧！」老先生說完話，拾起長竹竿，又把船撐出去。

傍晚時分，一輛大卡車載走了堆積在河邊的碎煤。老先生喜孜孜的抓著一把鈔票，來到床前展示給老伴看：

「我們賺了這麼多錢，可以帶妳去看病了。」

老太太從棉被裏伸出一隻手，輕推開鈔票說：

「你應該分一半給羅漢，他最賣力……。」

這時，羅漢正跨進門檻，老先生微露笑容看他。

「我全部要……。」羅漢正色的說。

「什麼！」老先生立刻收斂起笑容。

「不必問理由，就算我向你借好了。」

老先生抓著鈔票，愣怔在床前。勉強從床上支撐起來的老太太，深咳幾聲後，對羅漢說：

「你不要全部借走，留一點給我這個老太婆看病用，行嗎？」

「我再不吃藥，馬上會死掉！」羅漢說。

「拿給他吧！」老太太乏力的重躺下去。

羅漢得到錢，轉身就出門去了。

往後幾天，再也沒有看到羅漢的影子。

有人告訴老先生，在某一家茶室看過他的姪子，他不大相信，反而安慰自己說：

「他是個快死的人，讓他去尋找快樂吧。」

一天夜裏，住在山腳下的陳太太來敲門。老先生剛打開門，臉色發青的陳太太跌跌撞撞的撲進來，老先生趕緊扶著她坐定。

「我遇到了強盜！」陳太太驚魂未定的說。

「是怎麼一回事？」老先生安慰著她。

「我剛收完籮筐要回來……」陳太太不斷喘著氣，「經過橋下時，發現有人在跟蹤我。我不敢回頭，丟下籮筐就跑。沒想到跑太快，跌進一個窟窿裏，那個人一把抓住我，同時亮出一隻尖刀，他威脅我把錢拿出來，不然要撕破我的衣服，我沒帶錢，就把脖子上的項鍊脫下給他……。」

「你看清楚他是誰？」老先生睜亮了眼睛。

「沒有……」陳太太驚嚇過度，語無倫次，「不，他蒙著臉，頭髮短短的，肩膀很寬，很像是……你的姪子！」

「他已經回家了，」老先生辯解道，「怎麼會是他？」

「我不知道，反正是一個男人搶走我的項鍊……。」年輕的陳太太說著，不覺哭了起來。

「走，我陪你去報警。」老先生說。

三

經過了六天，落魄的羅漢又回到木屋。

莊老太太奄奄一息的躺在床上，她連屋外的雷聲都聽不見了。

莊老先生趁雷雨還沒有來前，先把船繫好，然後到街上替太太抓兩服草藥。當他回到橋上時，豆大的雨點恰從昏黑的天空灑下來。天邊的閃電，一再的映現他疲憊的身影。他拉緊身上的雨衣，急速的走向家門。

廚房的瓦斯爐被打開了，熊熊的火焰，照亮了陰暗的廚房。老先生放妥鋁鍋，端著藥湯旋身要走出來。

「你是誰？」老先生發現角落蹲著一個人。

「羅漢。」對方發出低嗄的聲音。

老先生立刻摁亮電燈，看到對方滿臉污泥，身上多處沾著血漬，下意識的退回去。

「你是不是受傷了？」老先生問。

「不是，」羅漢背靠牆壁，眼皮低垂的答道，「剛才揹一個被車撞傷的人到醫院去。他倒在路邊沒人理睬……但是我把他交給醫生後，他就斷氣了。」

「那你現在要做什麼！」

「我很疲勞，暫時借你的地方休息。」

「你知道我太太病了一個多星期，沒錢去看醫生？」老先生瘖啞的說。

「明天我就去賺錢給她治病。」

一陣強大的雷聲，從上空爆開來，接著豪雨傾盆而下。蓋著紙皮的屋頂，發出劈哩叭啦的聲音，有如萬車踐踏而過。屋前的竹叢，也在刷刷沙沙的響。

老太太被雨聲驚醒，輕微的呻吟著。丈夫端來藥湯，俯下身餵她吃。

「那是……什麼聲音？」老太太氣息微弱的說。

「雷雨聲。」丈夫回答。

「我們的船……有沒有……繫好？」

「繫得很牢固。」

窗外仍有斷斷續續的閃電和雷聲，房內兩張慘白的臉孔，靜默的相對。

突然，房屋發生劇烈的震動。老先生緊緊地抱住太太。他好像聽到屋外有石頭在滾落，同時有陣撕裂長空的號叫傳了過來：

「救命呀——山崩啦……救命……。」

老先生放下太太，一個箭步衝到門口；另一邊羅漢也跑出來了。

「那邊山腳有山崩！」老先生一邊說，一邊要往外跑。

「我去！」羅漢抓住老先生說，「你照顧你太太。」

羅漢冒著雨，衝進黑暗的叢林中。當他離呼救聲愈來愈近時，幾乎奮不顧身的撲了上去。山腳下的陳家屋頂被泥土掩埋大半。一個披頭散髮的女人，抱著一個嬰兒從門縫鑽出來。

「快！快！」女人嘶啞的喊道，「我丈夫還在裏面！」

羅漢在門邊摸到一把鋤頭，立刻爬上屋頂，奮力的掘開堆石。不久，山下有一群人趕上來了。他們合力掰開折斷的樑柱，將受重傷的男人拖出來。頹倒在地上的女人，已經泣不成聲，而懷裏的嬰兒還在哭得死去活來。

一輛救護車停在山下，幾個男人把三個受難的人抬上車，豪雨又漫天的潑灑下來，漸漸淹沒救護車頂閃爍的紅燈。

「山還會崩下來，大家快走喲！」黑暗中有人大聲的説。

全身裏滿泥巴的羅漢，最後離開。在他跨過道路，回頭觀看的剎那，一陣木板折裂的聲音橫空而來。他警覺的往前跑，一瘸一瘸的穿過叢林，重回老先生的家。

四

春雨不停，莊老太太的病情愈來愈嚴重。連侍候在她身旁的丈夫，也快要病倒了。他沒有力氣再下河去撈碎煤，僅靠一點積蓄過日子。

山崩後的第三天，羅漢帶著五百元回來。

「這給老太太買藥吃。」他把錢交給老先生説：「這兩天河水大，船停不穩，撈的碎煤不多。」

「下午會有雷陣雨，你最好不要下船。」老先生有氣無力的說。

「我晚上去。他們不敢下船，正可多撈一點。」

「不要！」老先生阻止道，「晚上你看不到的。」

羅漢沒有聽勸告，仍然在晚飯後，獨自撐著船去撈碎煤。

老先生陪著太太咳了兩天兩夜，軟弱得躺在床上，不能動彈。他想阻止羅漢，也沒有力氣去阻止。

隔天，雷陣雨延續到傍晚，兩個老人沉沉的睡著了。沒有人起來做晚飯，屋內一片陰暗和岑寂。待到天亮後，有人來敲門，老先生才醒來。

「阿土叔仔，你昨天晚上有沒有下河？」敲門的婦人說。

「沒有。」睡眼惺忪的老先生，乏力的答道。

「有人看到一條船翻覆在河裏，好像是你的。」

「不會是我的，我沒有下河。」老先生倦極的頹坐在板凳上。

這時，有位穿制服的警員，低著頭走進門來。

「你是不是莊水土先生？」警員問。

「是。」老先生答。

「這個人你認識吧？」警員從牛皮紙袋取出一張照片。

老先生端詳了一會，把照片還給對方，搖搖頭說：「我沒看過長頭髮的人。」

「這是怎麼一回事？」在一旁的婦人問。

「他是逃犯！」警員說。

沒有人再發問，他退了出去。婦人也隨著退出去。

「你們抓到他了吧？」婦人跟在警員身後追問。

「他已經死了。」警員回答。

（青年戰士報副刊，一九八三年四月二十四日）

附錄四

那十五張存根

母親伏在床上已經哭了很久。她使勁地搥著胸膛，又不停地咒罵自己。我沒有看過她哭得這麼傷心，即使父親死的那天，她也不會這樣不能控制自己。但從父親舊大衣口袋裏發現十五張醫院的掛號存根後，她就完全改變了。我實在不明白這十五張存根到底跟父親有什麼關係？

父親原在大坑煤礦當礦工，不久前，跟他在一起做工的老張被炸死了，父親從此就很少去上工。煤礦公司的老闆請人來探問幾次，父親好像都不願見他們。可是每當他們問母親說：「吳柳到那裏去了，他怎麼都不來做工？」母親的臉上就像結了一層冰，連在麵攤賣麵的時候，對客人都笑不出來。有一天傍晚，那個賣魚的花子仔，路過麵攤，停下來跟母親說話。

「碧珠仔，我告訴你一件事，希望你別生氣。」

「什麼歹事？」母親淡淡的說。

「你柳仔整天在街路走，賣魚仔一些查某看到，每個都對他指指點點。她們說：

『這款查埔人有什麼路用，呷飽就在街路走來走去，也不想去做工！』她們還說了很多不能聽的話……」

「他們說什麼，我都知道，多謝你！」母親說。

花子仔走後，母親的臉色變青，順手抓起一個碗，猛砸在地上。我還沒有把碎片清理乾淨，她就催著我回家。

「那些膭麵怎麼辦？」我說。

「把它扔掉！」母親拎起錢袋，說：

「生意不做了！」

我跟在母親後面走。她越走越快，上身的肥肉都震盪起來，那件沾滿油漬的花裙，很委屈似的緊貼著她的臀部。我的腳步跟不上，走得很累，想喊母親，但是她始終不回頭。

剛跨進門檻，一股不尋常的氣氛馬上跟隨著來。父親曲坐在飯桌旁的長板凳上，兩眼失神的望著角落。哥哥趴在飯桌上寫字，歪斜著頭，左腮幾乎要碰到桌面，只有那枝鉛筆是直挺的。父親的姿勢一直沒有變動，好像道士在打坐。有一隻蒼蠅在他頭上盤飛了好幾次，他也沒有揮手去趕他。母親從房間走出來，兩個眼睛亮得嚇人。她站在飯桌另一邊，衝著父親說：

「你為什麼要這麼做！」

父親背對著母親，依然沒有說話。

「你到底知不知道那些查某說什麼？」母親越說越大聲，「現在市場的人都在說你，不只嘴裏罵你懶惰，要靠某養你，連你走過的所在都有人給你吐口水！」

「我走我的路，跟她們有什麼關係？」父親終於開口了。

「你忍受得住，」母親的臉色一陣紅一陣青，「但是我無法忍受！我的生意做不下去，你知麼？」

「不必睬她們說什麼。」父親漫應著。

「哦！你說得這麼簡單！」

母親已經氣得兩眼快要冒出火花，厚手掌往桌上一拍，桌子的東西都彈跳起來。突然，哥哥像嬰兒似的大聲嚎哭。他的作業簿被鉛筆劃破兩張，而鉛筆卻不知飛到那裏去了。

「哭！哭什麼！」母親對哥哥喝斥。

「我的簿仔破了！」哥哥噙著眼淚說。

「啪—」哥哥被刮了一個耳光，「你怎會這樣愛哭，簿仔破了，不會再買一本！」

「不要！」哥哥扭著身子，哭著說：「老師會罵我！」

「你真沒路用！」母親指著哥哥的頭，然後掏出十元鈔票給他，「跟老師說，是我撕破的！」

哥哥一邊抹著眼淚，一邊把鈔票塞進褲袋，而很不情願的爬到地板上去尋找他的鉛筆。

從那天起，父母親就很少在一起說話。父親偶而到礦坑去一次，整個月下來，上工的日子很難得超過三天。聽母親說，他賺的錢都不夠買菸，還得向雜貨店賒賬。每次母親拿錢給我去付賬，總是要為這件事嘀咕老半天。

白天，父親很少待在家裏。我半天去上學，半天到麵攤幫母親洗碗，不知道是不是像人家說的，父親都在街上逛來逛去。他只有在午後一點左右才會出現。那時候，他從巷內緩慢的走過來，身上那件泛白的大衣，像他的人一樣的僵硬；而臉上的表情，也像這裏陰霾的天氣一樣的灰暗。他靜靜地坐在小桌前，母親照例給他煮一碗麵，切一盤滷菜。他吃飽後，嘴啣著菸，又默默地離去。每當父親的影子剛消失在巷內的時候，母親就開始發脾氣，把鍋杓碗盤弄得特別響；而一些咒罵的話就在她甩東西的同時冒了出來：「整天只會呷閒飯，他還會做什麼……我看有一天這個麵攤仔沒人做，全家人就去餓死……世界上像這款查埔人只有他一個……」直到母親罵累了，麵攤才能平靜下來。

逐漸地我也感覺到四周的人，都在批評父親。他們很愛嘲笑人家，高興時就對街互喊起來，然後很邪氣的笑得前仆後仰。有一次，母親叫我去市場買青菜。經過菜攤的時候，那些大人你一句我一句的說：

「那不是瘦猴仔的兒子嗎？」

「咦，很像呀！你看那個腦殼跟猴頭一模一樣。」

我兩腿漸漸在發軟，看到兩邊的人都以同樣的態度對待我，很駭怕，也很憤慨！忍著怒氣走到一個菜攤前，對賣菜的人說：

「我買兩斤小白菜。」

「小白菜？」賣菜的人斜看著我，說：「很貴哦，不過我可以算你便宜。」

「為什麼？」我疑惑的問。

「嘿嘿……」那個人立刻露出猙惡的笑臉，「你瘦猴仔不去賺錢，猴囝仔想要呷好菜，真拚哩！」

等不及聽完他的話，我抓起一個青蕃茄，向他的臉上擲過去：「你才是猴囝仔！」然後，我不管他們的哄笑，拔腿就往回奔跑。跑到母親身邊，眼淚一串串的滾下來，真想痛哭一場！

母親看著我，正在撈麵的杓子，忽然停止不動。

「市場沒賣菜是不？」母親說。

「我不要去那個地方！」我的眼淚又不聽話的淌出來。

大概過了半分鐘，母親把一碗麵端給客人後，遞給我一條帶有油漬的毛巾。她說：

「把眼屎擦擦，阿母以後不叫你去買菜，他們罵你只有這一次！」

連續幾個晚上，我都睡不著覺，隔床母親的聲音不時的竄入我的耳裏。我用棉被掩著耳朵，仍然聽得很清楚：

「你若是不去做工，拜託你不要再去街仔，兩個囝仔被你害得真悽慘！你忍心看他們走出門就被人笑，到處受人戲弄是麼？」

可是父親一直不說話，他像個陌生人，走進家門只顧抽菸，不然就是坐著發呆。以前他不是這個樣子：他會陪我們玩，帶我們去看布袋戲，買糖果給我們吃。近半年來，他好像跟我們斷絕了關係，而變得不喜歡理人，不喜歡說話。雖然這樣，我還是討厭那般人，他們不應該批評父親，父親沒有得罪他們，為什麼要受到他們的嘲笑？

沒有多久，父親又到礦坑去做工。有一天他放工回來，我和哥哥正在寫作業，沒有注意到他站在我們背後。過了一會，我發覺有人在輕輕咳嗽，猛回頭看到父親，卻愣住了！父親正對著我微笑。他那瘦瘦的臉頰和凹進去的眼眶，忽然泛著一些光彩。這時哥哥也仰起頭，咧著嘴巴在看他。

「大和，」父親叫著哥哥的名字，「功課有進步麼？」

哥哥癡癡的望著父親，好像沒有聽見他的問話。父親又對我說：

「小和，你還喜歡畫圖是不是？」

「我越畫越差，就不畫了。」我說。

父親摸摸我們的頭，從大衣口袋掏出一張縐縐的鈔票，放在桌上說：

「阿爸很久沒去做工，只存這一百元，你們拿去買紙筆。」

哥哥看到錢，伸手就抓過去，還嘻著臉皮說：

「阿母很久沒給我們錢，阿爸你真好！」

「你們兄弟仔，要好好讀書，聽阿母的話，知麼？」

我跟哥哥都點點頭。哥哥把錢塞進他的口袋，命令我說：

「阿爸叫我們用功讀書，不能偷懶噢！」

這是父親最後一次跟我們說話。因為第二天下午父親被人從礦坑抬了出來。我們看到他的時候，他已經斷氣了。

母親拉著我們守在父親的靈櫬旁，她自己哭了一回又一回。我想哭，卻擠不出眼淚；我又努力在想父親為什麼要躺在那麼窄的棺材裏？我輕輕地喚著父親，可是他不會說話了，不知道我們在那裏能夠再見面？

跟父親在一起工作的阿土伯，來我們家的時候，已經是深夜一點鐘，哥哥在臨時舖的草蓆上睡得很熟，一道唾沫要斷不斷地留在他的嘴角。躺在他旁邊的就是父親。只有隔著一層木板，我就想不起父親是什麼模樣了。

阿土伯把母親叫到旁邊去，低聲的跟母親說：

「阿柳仔不是被石頭壓到。」

「是怎樣？」母親詫異的問，「大家不是都這樣講？」

「這你不能對人講，」阿土伯搖搖手說，「黑面成仔發現柳仔倒在地上，有一塊石頭正在他的頭頂。我們以為石頭落下來打到他，其實是他滑倒去撞到石頭！」

「他怎會滑倒？」母親進一步問。

「他的身體一向很壞，有時推車推到暈倒半路，很可能就是暈倒。」

「我從來都不知道！」

「你做人的查某人，一天到晚那麼忙，怎會注意到尫婿的健康。」

母親的眼淚又流出來。阿土伯忙止住她說：

「你先不要哭，我已經跟礦方講好賠償的條件；不過今晚我所講的，絕對不能讓外人知道。」

「我不會講出去。」母親說。

埋葬父親後，又過了三天，也就是今天。母親在整理衣櫥的時候，發現父親生前常穿的那件灰色大衣，很整齊的掛在衣架上，就把它取出來。衣面積了一點灰塵，母親正要抖掉那些灰塵，忽然從內口袋掉出一疊小紙張。母親拿給哥哥看，他看了半天，才把上面的字讀出來。我對母親說：

「這些全是礦工醫院的掛號存根。」

「什麼？」母親立刻變了臉色，「誰去看那麼多次病！」

我們都沒有答話，母親卻怪異的嚷著：

「啊！你們阿爸生病，都沒人知道！」

那些存根總共有十五張。當我要把它們還給母親的時候，她正抓著頭痛哭，又猛搥她自己的胸膛，一次又一次的哭嚷著：是我逼死他的！是我逼死他的……

（聯合報副刊，一九八二年九月二十四日）

附錄五

山上來的伴郎

夜已深得一片寧靜，江遠還在床上輾轉著，把一張舊木床滾壓得吱吱響。他緊閉著雙眼，極力的想拂去雜亂的思緒，但那些思緒卻像氾濫的溪流，在他腦海無止盡的奔騰著。

終於他掀開棉被爬起來。當他想去關掉窗旁的壁燈時，又瞥見掛在牆上那套黑得發亮的西裝。昨天他去借熨斗要燙那套西裝，老吳神經兮兮的說：

「怎麼啦，想去相親？」

「不是，」他說：「當伴郎。」

西裝燙好後，老吳跑來看他試穿。最後，老吳站在他面前，像欣賞藝術品似的說：

「這套西裝雖舊，還相當合身，不過你頭上那幾根白髮太顯眼，應該染一染。」

他沒有把白髮染黑，只去山下的理髮店抹油吹風而已。回來後，他又對鏡子試穿一遍，總覺得已不如當初做西裝時那麼容光煥發，穿在身上的西裝，也顯得與他的年齡不大相襯。以前同窗聚會，老是有人愛取笑他：

「你還穿這種年輕人穿的衣服啊！」

他定神望著牆上，思緒又漫無目的的飛舞著。訂製那套西裝後，距今也有五六年了吧，這段期間從來沒有把西裝當作便服穿，只在必要時穿穿罷了。當初要不是老胡找他當伴郎，恐怕這一生都不會興起穿西裝的念頭。

重返床上，沒有睡多久，天就亮了。他裝扮完畢，臨出門時，兩個男孩揹著布袋，經過他的門口。

「老師，」高個子的男孩說：「今天給你帶什麼菜回來？」

「哦，不必了。」江遠面露微笑的說：「我要到別地方去。」

兩個男孩蹦蹦跳跳的往下山的路走去。江遠隨後走到一棵老榕樹旁，在那裏等下山的小貨車。他原可像那男孩一樣徒步下山，但想到沿路風砂可能弄髒衣服，只好坐便車了。

小貨車好像一頭笨重的水牛，顛顛簸簸的晃到他的身前。司機是當地一個種茶的年輕人，他很有禮貌的招呼江遠上車。

「嗳，江老師你又要去當伴郎啦！」

「你怎麼知道？」

「看你打扮得這麼漂亮，一定要去當伴郎。」

「這是你的猜想而已。」

「不是，以前你去當伴郎才會穿西裝，這次也錯不了。」

「哦，那你可真瞭解我。」

車子發動後，又搖搖晃晃的往蜿蜒的山道駛去，滿山谷迴響著渾濁的引擎聲。

「江老師，什麼時候請喝喜酒？」

年輕的司機微偏過頭說話。江遠兩睛怔怔地望著車窗外的景色，彷彿沒有聽見。不一會，車子就繞出狹谷，抵達新店街上。

今天雖是假日，天空很晴朗，但街上的行人並不多。剛過仲秋，街旁那些零落的地攤，又換了應景的冬裝。五顏六色的冬裝，看來年關似乎都被它逼近了。

江遠得換兩班車，才能到達瑞芳。一路上他只小心翼翼地護著身上的西裝，駭怕被擠縐了。在臺北換車時，他不敢找位子坐，緊挨在司機後座站著。一個女孩看到他那副退縮的窘相，忍不住想發笑。他無可奈何的抓住頂上的橫桿，一直防範著逐漸擠上來的人潮。

等車子在瑞芳站停穩，他才鬆了一口氣。下車後，竟意外的發覺兩隻褲管已沾滿斑駁的泥痕，上衣也被擠縐了好幾處。他顧不得整理儀容，就快速的往鎮郊走去。

黃宅座落在郊外的道路旁，他遠遠就望見一塊艷紅的布條，栓結在門口的橫樑上，有許多人在屋裏忙碌的走來走去。他跨進黃家時，石磊正在大廳踱著方步。

「啊，你讓人急得發慌！」石磊嗔怪的說。

「對不起，我來晚了。」江遠連忙陪不是。

「快，快，我們上車，午時快到了。」

石磊進房去拿東西。江遠尚未休息，又倉促的走出來。

雇來的兩輛轎車停在路側，有個穿大紅衣的司機，停立在車旁，看江遠走近，哈腰擺了一個很優美的姿勢，表示歡迎的說：

「新郎倌，請入座。」

「不，」江遠澀然一笑，「我是伴郎倌。」

「哦，哦，那請坐後面那輛。」

那位司機説著，猛往水溝啐了一口檳榔汁，嘴角還遺留一圈鮮紅的汁漬。他把石磊和一個當小花童的男孩送上車後，就急忙發動引擎，將車開走了。

江遠坐的那部車，司機是個斯文的中年人，他頻頻的從反光鏡裏偷瞧江遠，許久才放膽的問他：

「先生，貴姓？」

「敝姓江。」江遠説。

「府上在那裏？」

「在南部。」

兩部車往板橋的方向直駛。新郎車飛快的往前衝，只片刻工夫就不見蹤影。中年司機感慨的說：

「年輕人真是血氣旺盛，開起車來連命都不顧。」

「他可能已經習慣開快車。」

「哼，等他活到像我這種年紀，恐怕稍為開快一點，都會心驚膽寒！」

一陣霹靂的鞭炮聲，中斷了他們的談話。走進新娘家時，新娘還在粧扮。新娘家只擺了一桌喜筵，請迎親的人。其實，他們的筷子還未沾到口水，又匆忙的迎新娘上車，往返途奔馳而去。

伴娘和江遠坐同輛車，她面部搽得一塊紅一塊綠，在方臉闊嘴上，還蓄著一頭新燙過的鬈髮。

「喂，」伴娘推推右座的江遠，說，「你怎麼都不說話？」

江遠側過臉看她一眼，發現她正露著一顆暴牙，對他嫵媚的笑著。

「有什麼話好說？」江遠淡然的說。

「你這個人真呆板，連句應酬話都不會。」伴娘嬌嗔的嘟起嘴。

「我見識少，不懂得這一套。」

「你們男人呀，沒有一點情趣！」

她的話剛落，中年司機不禁用奇異的眼光，逡巡著鏡中女孩的容貌。他咂咂嘴，把一股話嚥了下去，只專注著路上飛馳的車輛。

「喂！」伴娘又發出嬌厲的聲音。

「什麼事？」江遠嘴裏應著。

「你覺得新娘長得怎樣？」

「很漂亮。」

「我是說連內在一起。」

「秀外慧中。」

「你們真奇怪！」伴娘無故的生起悶氣。

忽然，車子一個急轉彎，把車內的人甩成一堆。江遠坐直整好領帶，木然的望著伴娘。

「我們那一點奇怪？」江遠說。

「怎麼不奇怪，」伴娘扯著喉嚨嚷：「嘉琪竟然會嫁給一個醜男人，而你這個木頭人又是一副討債臉……。」

「你覺得不可思議？」江遠有點想發笑。

「我為嘉琪抱屈。」

「你錯了，她嫁對人了，石磊也娶對人了。」

「胡說！嘉琪可以找到更理想的對象。」

「你是藝術家？怎麼老是以美醜來論人？」

「難道不對嗎？黃石磊既醜又暴躁，真會糟蹋人！」

「你沒聽說過『美醜相配』和『性情中和』的話？他們就是最理想的一對佳偶。」

「噢，似乎你很瞭解他們。」

「彼此是同窗，應該比外人知道得深些。」

「你也認識嘉琪？」

「其實，石磊還不及我早認識她。」

「哦，這件事很不尋常。」

「一切都變成過眼雲煙，不值得再談。」

經江遠這麼一說，她原先的氣餒已平淡下來，突然整個人陷於沈思中。直到黃家近了，她才扯扯江遠的衣角，溫柔的說：「新郎家到了嗎？」江遠只點頭不語。

他們並沒有舉行什麼結婚儀式，新娘一進門，就待在新娘房裏不許露面。陪著嫁娶的人，都齊聚在房內戲弄新娘。媒婆是新娘的遠親，也參與他們的高聲談笑。

不久，有人把正廳堂欣賞賀匾的江遠喚進房裏。當他一跨進門限，摘去頭紗的新娘，面帶微笑的對他說：

「江遠，跟我合照一張相，好嗎？」

江遠望望在旁的石磊，然後走過去新娘的身旁。

「好。」江遠說。

操作照相機的是石磊。他擺妥半蹲姿勢，按下快門後，咧嘴一笑，臉上的青春痘仿如一群跳躍的螢火蟲，在黑皺的臉皮間閃閃發光。

在一場逗趣的嘻笑後，石磊把江遠拉到廳堂去，他說：

「江遠，待會敬酒時，務必要緊跟在我身後。」

「我知道。」江遠答著。

「還有，老朋友如來敬酒，也請你多擔待些。」

「我明白你的意思。」

傍晚時分，賀客逐漸上門來。筵席設在鄰居的廣場上，已經坐滿了人。當新郎挽著新娘進場時，一陣熱烈的掌聲響徹雲霄，久久還迴繞不去。

有個小男孩仰著臉，癡望了一會，轉過頭對旁邊的婦人說：

「媽，怎麼有兩個新郎？」

「走在後面的是伴郎。」女人回答。

「啊！前面那個新郎好醜哦！」

「不要亂說！」

「真的嘛，要是後面那個當新郎，那該多好。」

掌聲息靜後，碗筷聲接著響起。端菜的人，滿頭大汗的穿梭在會場。不時有小孩摔落杯匙的碎裂聲。上過幾道菜，有個髮白的長者，領著新人及雙方的父母，到臨時擺置的小台上。他環視會場一週，待人都肅靜後，才拉開嗓門緩慢的說：

「各位來賓，今天是黃府和林府聯姻的大喜日，我謹代表雙方家長向各位簡單的介紹這一對新人和他們的家長。」他愈說聲音愈宏亮，「新郎的父母親，各位大都認識，在我們地方上可以說是相當熱心於公益的人，相信很多人都曾受過他們的幫助，不必我介紹。在最左邊的那是新娘的父母親，他們世居在板橋，自己經營一家規模很大的塑膠工廠，在板橋一帶，很有名望……。」

筵席間忽地發生一陣騷動，坐在角落的幾桌人，相繼傳來幾陣掌聲。

「現在我要為各位介紹今天的主角。」長者繼續說道：「黃少爺是本地學有所成的一位好青年，他不但勤奮的完成師專的學業，同時也舉辦過好幾次慈善活動，幫助許多殘障的少年升學。他現在本縣的小學服務，平時教學認真，課餘還不斷去參與一些有意義的社會活動，非常令人敬佩。林小姐是他的同事，性情溫和，美麗大方，又很賢慧，他們結為夫妻，真是天造地設的一對。我們祝福他們白頭偕老，永遠幸福快樂。」

長者說完，更響的一陣掌聲幾乎淹沒了整個世界，每個人都沉浸在一種瘋狂的興奮中，誰也分辨不清這股莫名的情緒源自何處，只是隨著別人而歡笑，隨著筵席的氣氛而狂亂。

新郎和新娘逐桌去敬酒，輪到最後一桌時，一陣吼聲引得全場的氣氛再度沸騰起來：

「新郎乾三杯！」席次有人喊著。

「謝謝，」新郎猛點頭，「這三杯下去，大概無法走路了。」

「不管，」一個肥胖的男人說：「這是我們的老規矩。」

「好，好，我喝。其餘我請人代勞。」

新郎和新娘離去後，獨留下江遠一人。他端著酒杯，走到桌前站定。

「老友，今天可有痛飲？」江遠莊穆的說。

「嗄，」肥胖的男人驚訝得立起來，「江遠你又在當伴郎？」

「是的，有何指教。」

「你這不成了『職業伴郎』？」

「不會，」江遠說：「你們都結婚了，誰會再來找我當伴郎？」

江遠陪他們喝了幾瓶啤酒，臉泛紅暈的回到原位。沒等最後一道湯圓上桌，他自己就先顛顛撞撞的爬上後山。他找了一棵龍眼樹，傾靠在樹幹旁休憩。突然禁不住腹內酒精發作，連嘔吐三次，穢物吐盡後，腦筋才清醒些，但人已疲累得全身乏力了。

當他再返回會場，賀客已散盡，只賸在收拾盤碟的幾個婦人。他抬頭瞧瞧搭得高闊的平蓬，和懸繞在蓬柱上那條鮮艷的大紅巾。他想到自己也該離去，便悄然的跨出幾步。驀然，背後有人追趕過來。

「江遠，你到那裏去了，我一直找不到你。」

他沒答話，腳步卻凝住了。

「我們進去聊一聊。」石磊過來搭著他的肩膀。

「不聊了，」江遠說：「我得趕回山上。」

「別急嘛，我們還有許多話沒談呢！」

「不行，明天要上課。」

「好吧，那我改天再去拜訪你。」

石磊把一個預備好的小紅包塞在江遠的口袋，還幫他整理身上的衣服。那套西裝已縐得失去了光彩，一層灰泥使它黯淡得宛如雨後道路的顏色。他沒有察覺石磊給他的東西，只自顧自地拖著疲乏的腳步，朝街上走去。走了好遠，這邊的石磊忽然大聲喊著：

「江遠，我忘了告訴你，當你結婚的時候，我可以去當你的伴郎……。」

（青年戰士報副刊，一九八一年三月十七日）

附錄六

春日何遲遲

車子靠站後，雨點又淅瀝地落下來。已被車輪滾乾的路面，霎那間又濡濕成一副黯淡的容貌。步下車門的人，沒有認清方向，就倉促的躲進騎樓避雨。嚴青獨撐著雨傘，走過人行道，看著路上被車子輾過濺起的水花，像一排閃亮的珠簾，不覺停下了腳步，注視了一會兒。忽然，一輛計程車從身旁呼嘯而過，放出尖銳的喇叭聲，使她猛地閃躲開來，被濺起的泥漬正落在她的腳旁。

走過一段漫長的人行道，在一條巷子的樓房前，嚴青按了兩下門鈴。門開處，有個小台階，當她步上台階時，屋內響起了一陣急促的腳步聲。

「唉呀，我們的稀客真的來了。」

一個女人出來替她開紗門，興奮的挽著她進去。

「你怎不先來電話，我好去車站接你。」那個女人說。

「我接到你的信後，就想要來，只是不願勞煩你。」

「什麼勞煩！這樣說就太見外了。」

那個女人引她到客廳，為她沖泡一杯熱茶，兩人坐在沙發上滔滔的談著。

「倩文，」嚴青環顧室內，訝然的說：「今天家裏這麼冷清？」

「這嘛，可以說是專為貴人準備。」

「誰是貴人？」嚴青疑惑的望著對方。

「你也算是貴人，還有……。」

「還有什麼人？」

「現在不能告訴你。」

「你又在賣關子。」

嚴青淡然的說，同時不解的打量著對方。楊倩文和嚴青是老同窗，又是老朋友，彼此相對時，好像又回到過去那種朝夕相處的情境，有一股溫馨的暖流在他們的心田迴盪。可是嚴青漸漸地感覺到自己的生活，已不如別人那麼多采多姿，一顆心也比別人老化了許多。別人為了家庭，為了孩子，忙得那麼充實，而自己把一個孤影深埋在工作中，雖忘盡人間的鉛華，卻揮不走那若有若無的寂寥。隨著年歲的增長，內心的寂寞也愈來愈深。

「嚴青，」楊倩文打斷了她的思維，「這幾個月都在忙什麼？」

「還不是跟你一樣。」嚴青順口回答。

「我是說除了教書，有沒有再寫文章？」

「一篇博士論文已夠我忙了，那有閑暇去寫文章。」

「你真的要一口氣拚到底？」楊倩文深情的望著她。

「我沒有別的好選擇。」

從師專畢業，嚴青就搶先的踏上進修的路。白天在小學教書，晚上去大學夜間部念書。夜間部畢業後，又不休不眠的準備考研究所。第一年落榜，第二年考上了，於是辭去小學的教職，專心的去念書。當她剛從研究所畢業，立刻被人延聘去大學的中文系任教。在大學任教期間，又不斷地進修，想爭取博士學位。直到今天，她仍然沒有放棄她的理想。

「我們都已三十出頭了，你一點也不著急？」楊倩文接著説。

「這要怎麼説？」嚴青深吸了一口氣，「大概是我們的看法不相同吧！」

「所有的同窗當中，就只賸你一個還是小姑獨處。」楊倩文説著，臉上泛出一絲憐意來。

這些話好像都説進嚴青的心裏面，使她默默的沉浸在輕淡的愁緒裏。多年來一直克制不去想的問題，卻一再的經由別人的關懷而呈露在自己的眼前。若不是堅決的意志支持著她走進書堆去，也許現在也跟別人一樣兒女繞膝了。

「倩文，」嚴青帶點微笑的説：「在你們來說，都擁有一個美滿的家庭，你們會全心全力的為它奉獻你們的一切。可是我已走上了這條路，欲罷不能，倘若稍一停輟，可能會前功盡棄。」

「你不能分一點心來安頓自己？只要一點點就夠了。」楊倩文幾近激動的嚷起來。

「哈，有這麼容易？」嚴青自顧自地輕笑出聲音。

「只要男方真心愛你，有什麼困難？」

「呵，誰能像你這麼幸運，有一個曾經苦等你七年的好丈夫！」

嚴青無意的揶弄著倩文，令她含羞的答不出話來。然而楊倩文仍替她深懷惋惜，也難以理解一個寧願辜負自己青春的女人，深藏在她內心的秘密。

「好啦，」楊倩文赧然的說：「現在我們不談論誰是誰非，我也無法駁斥你的『謬論』。你知道我找你來，還有一件要事吧？」

「嗯，你在信上說過，我想你遲早會告訴我，就沒有急著問清楚。」嚴青說。

在談話中，倏地房門嘎然而開，一個小男孩揉著惺忪睡眼走出來，邊走邊嚷「媽媽——」聲音柔細得像在睡夢中。

「哦，我忘了我們小寶貝還在睡覺呢！」楊倩文急忙迎過去抱起小男孩。

嚴青也站起來，走到他們身旁，幫倩文理好孩子零亂的衣服。

「老大和老二？」嚴青看著倩文說。

「為了清靜一點，早上把他們送去他們奶奶那裏。」

「好久沒看到他們，想不到你把他們送走了。」

「今天情況特殊，不敢留他們在家裏，不然會搞得一團糟。」

這時，小男孩已睜開睡眼，看著眼前的女人。嚴青和倩文互瞄一眼後，都齊注視著小男孩，似乎要等候他發出一聲驚奇的喊叫。

「潭潭，還認得我嗎？」嚴青微笑的說。

「阿姨——」小男孩輕聲的喊著。

「好乖哦，來，阿姨抱抱。」

嚴青接過小男孩，回到沙發上。從皮包裏掏出一對木製的小羚羊給小男孩。

「潭潭，」嚴青對小男孩說：「這對小羚羊陪著你一起長大，好嗎？」

「阿姨，小羚羊會走路嗎？」小男孩說。

「小羚羊不會走路，但是牠會看著潭潭長高。」

「我喜歡小羚羊，牠好可愛哦！」

楊倩文到廚房沖了一盃牛奶，給小男孩喝。還帶了一盒餅干出來。他們吃著餅干，又閑聊著一些無謂的話題。

小男孩喝過牛奶後，好像想起什麼似的說：

「阿姨，你有沒有娃娃？」

「你是說洋娃娃？」嚴青側過頭說。

「不是，真的娃娃。」

小男孩一句唐突的問話，使得兩個大人頓時面面相覷。繼而將眼光專注在小男孩純真的臉上。

「阿姨沒有真的娃娃。」嚴青也露出純真的笑容。

「潭潭，你問阿姨要娃娃做什麼？」他的母親接口說。

「我要娃娃陪我玩。」

「你的哥哥姐姐不是可以陪你玩嗎？」嚴青說。

「他們會搶我的玩具，娃娃就不會了。」

嚴青不防孩子會扯出這一堆論調來，她看看倩文，倩文似乎也愛莫能助，只好自己來「解危」。

「潭潭，下次阿姨帶個洋娃娃來陪你玩，好嗎？」

「我要真的娃娃。」小男孩堅持著說。

「可是阿姨沒有真娃娃，怎麼辦？」

「我在家裏等，等阿姨把娃娃帶來。」

「好啦，潭潭，有一天阿姨會把娃娃帶來跟你玩。」他的母親說。

小男孩滿足的笑了，斜靠在沙發椅背上，兩隻腳懸盪在前面。楊倩文乘機附在嚴青耳旁，細聲的說：

「你就趕快結婚，生個娃娃來給他吧！」

嚴青聽後，咧嘴的笑開來。頃刻間，屋內洋溢著一片歡笑聲。

做晚飯時，小男孩獨自在房間玩。嚴青幫著倩文切菜，不時聽到從房間傳來的玩具摔落的聲音。

「倩文，帶三個小孩，累不累？」嚴青邊切菜邊說。

「很累，比帶那一班小蘿蔔頭還麻煩。」楊倩文說著，掀開鍋蓋，放進一點調味品，溢出來的熱氣，瀰漫著整個廚房。

「平常上課，孩子還是寄在婆婆家裏？」

「嗯，等明年潭潭也上幼稚園後，就不必去纏擾她老人家了。」

他們閑談著，彼此的心中都有一絲羡慕之情。對方所擁有的都是自己所欠缺的，而這種缺憾卻不是隨意就能彌補。似乎永遠都是這樣，變成夢寐都會觸動的一根絃，在那琤琤的弦音裏，使人不禁要暗自低喟迴思！

在他們靜默的空隙，小男孩悄悄的來到門口。手上拿著一頂圓邊的呢帽，在頭上揚了揚。

「阿姨，」小男孩輕聲換著嚴青。

「欸——什麼事？」嚴青回過頭說。

「這頂帽子送給你。」小男孩緩緩的走進來。

「哦，」嚴青接過他的帽子，「你怎會想到送帽子給阿姨？」

「這頂帽子很像電視上那個飛飛頭上戴的，我想阿姨戴著它會很好看。」

「啊，真的？那阿姨可要戴戴看囉！」

嚴青拿起帽子在頭上試了試，終於戴上了。

「呵呵，好好看哦！」小男孩欣喜的鼓著雙手。

「倩文，」嚴青轉過身對倩文說：「你的寶貝真會體人意呢！」

「你看清楚一點，那頂帽子是你五年前送我的。」楊倩文神秘地笑笑說。

「嗯——」嚴青摘下帽子瞧了一回，「我怎麼沒印象了？」

「我把它掛在廚子上面，不知道怎會被他弄下來了。」

兩人相視，不覺會心一笑。被冷落在一旁的小男孩，仰著頭癡望著兩個大人在演什麼把戲。嚴青又回過來對小男孩說：

「潭潭，阿姨覺得你媽媽戴帽子比較好看，我們送給她，好嗎？」

「媽媽不愛戴帽子，不像那個飛飛每次都戴帽子唱歌。」

「以後教你媽媽戴帽子給你看看，可以吧？」

「好嘛，那阿姨你不戴？」

「阿姨不需要戴帽子，阿姨有雨傘。」

小男孩的母親走過來，揩去他額上的汗珠，帶他走出房門。

「潭潭，」母親命令著說：「去房間玩，阿姨在忙著切菜，不要來吵她。」

經母親這麼說，小男孩微噘起嘴，拎著帽子又走進房間。半小時後，飯菜都做好了，放在熱爐上保溫。他們卸去圍兜，回到客廳休息。

「倩文，今天請多少客人？」嚴青問。

「連你只有兩個人。」楊倩文輕鬆的答著。

「我有預感，好像你們刻意安排了什麼。」

「沒有呀，」楊倩文揚著眉說：「只不過請你們來吃頓便餐而已。」

「我們？」嚴青又疑惑的看著倩文，「又把我跟誰扯上關係？」

「不是啦，我是說韓奇也去請了一個人。」

「唉，不對呀，你在信上說今天韓奇要出差，怎會請人來？」

「嘿嘿，」楊倩文抿著嘴笑，「我忘了告訴你是出『私差』，不是出『公差』。」

「你真會把人搞得團團轉。」

楊倩文得意的摟著嚴青的肩膊，親暱的說：

「我跟你介紹一個人。」

「男人？」嚴青又現出淡漠的表情。

「何必明知故問嘛！」楊倩文擰了她一把。

「你又要叫人家嚐閉門羹？」

想到去年那件事，嚴青不由得對那個男人感到抱歉。原來楊倩文安排了一次約會，介紹一個單身男人和她相識。沒有想到當他們在小館子吃飯時，那個男人偷偷的向楊倩文透露說：「她那麼嚴肅，我看到她那雙逼人的眼睛，心底就生寒！」楊倩文每談起這件事，就愛調侃她說：「看你像個女閻王，誰敢接近你？」嚴青自己也搞不清為何會缺乏女人的韻致，即使想裝也裝不來。

「這次不一樣，」楊倩文又說：「他是一個很活躍的人物。」

「是誰？」嚴青好奇的問：「他看到『女閻王』時不生畏？」

「哈，你想一個活躍的人物，什麼場面沒看過？」

「就算是我有幸見見這種人好了。」

「你一定會滿意，他是和韓奇在同家公司的同事，人緣好，風度也很好。」楊倩文很有自信的說。

「今天會來嗎？」

「韓奇去接他，大概快到家了。」

到了傍晚，外面的雨還未歇止，寒氣不斷地從四周竄進來。隱約的可看見細微的水汽在燈光下飄浮，好像春日的早晨，淡霧猶在，而一抹陽光卻迫不及待的趕來撫慰大地，使人在那毫無聲息的天地中，沉醉於心靈和宇宙的契合裏。嚴青走到窗前，眺望屋外漸暗的景色，兀自凝神靜思，不知不覺迷戀起春日的時光來。不久，一陣急促的鈴聲，驚醒她，使她全身陡地顫動了一下。

「欸，他們回來了。」楊倩文從沙發上蹦起來。

嚴青慌亂的走到倩文身旁，好像有話想說，話湧到喉頭又嚥了下去。

「你在這裏坐著，」楊倩文雙手按住嚴青坐下，「我去開門。」

嚴青坐在沙發上，心神有點恍惚，一直想站起來。她看著倩文搖晃的前去開門，也跟過去。

門開後，有兩個穿風衣的男人走進來。當他們站定，那個身材較為魁梧的韓奇想介紹時，另外一個瘦長的男子卻先開口了：

「啊！嚴老師你也在呀！」

男人的話剛出口，大家都驚詫得張口結舌，約莫十秒鐘後，嚴青才轉悟的說：

「林繼昇，是你啊！」

「是的。」

韓奇和楊倩文站在原處，眼前像隔了一個幻影，絲毫不動的愣了半晌。久久楊倩文才說：

「原來你們早就認識啦！」

「不是，」林繼昇搶辯道：「嚴老師是我們夜間部的老師，我上過她的課。」

「倩文，」嚴青平靜的說：「這林繼昇是最好發問的學生，我特別記得他的名字。」

這時站在一旁的韓奇，忽然縱笑了幾聲，趨前來招呼著說：

「既然大家都認識，就不必再介紹，來，坐吧！」

大家坐定後，林繼昇才拘謹的坐在嚴青的斜對面，和韓奇緊緊的靠在一起。

「倩文，飯菜都做好了吧？」丈夫親切的問。

「好啦，馬上可以進餐。」太太回答。

吃飯時，大家都找不出話題來談，只默默地吃著飯菜。韓奇覺得場面太冷清，終於找到了一個話題來說。

「剛才我們下車的時候，發現騎樓下躲著兩隻鴨子，牠們正併列低著頭在啄胸前的羽毛。我們覺得很奇怪，在那種地方怎麼會有鴨子，還會發出嘎嘎的叫聲。於是，我們就走過去想看個究竟。當我們睜眼細瞧的時候，才發覺那對鴨子是假的，那嘎嘎的聲音，是從坐在陰暗的牆角的一位老人嘴中發出來的。原來是他擺了玩具攤，在那兒招徠顧客，我們還以為他是趕鴨人，流落到臺北這種地方來呢！」

韓奇的話，引起一陣笑聲。楊倩文揩揩嘴角，望著丈夫說：

「我們在家裏窮等你們回來，原來你們跑去找『鴨子』了。」

「太太，」韓奇低聲的說：「我們只不過遲了五分鐘而已。」

「五分鐘已夠我來回學校一趟了。」

「好吧，那你罰我們。」

「一人一隻雞翅膀。」太太正色的說。

韓奇詼諧的舉動，惹得兩個女人忍不住要笑出來。韓奇還用兩隻大手抓著雞翅膀猛啃，被楊倩文忙指責說：

「你看，像個小孩子，不害臊啊！」

「小孩子？」韓奇突然停止咀嚼，轉動著眼珠子，粗嗄的說：「欸，我們潭潭？」

「睡著啦，可能已經夢見他的娃娃了。」

「要不要叫他起來吃飯？」嚴青說。

「不必，待會他自己會起來。」

飯後，過了不久，林繼昇就藉故先離去。韓奇送他一程，回來後，頹坐在沙發上，連續抽了兩根菸。

「嚴青，」韓奇吐著煙圈，奇緩的說：「非常抱歉，今天……。」

「不，請別這麼說。」嚴青阻止著對方。

「好吧，」楊倩文想拂開一切的說：「過去就算了，我們重頭再來。」

他們談了一會，房門又咿呀的開了。楊倩文走過去把從門口出來的小男孩攬在懷中。

「你怎麼醒來了？」做母親的說。

「我夢見娃娃，他好像哭了。」

小男孩不勝憐憫的說。他的父親將他抱過來，親了他的臉頰，問道：

「潭潭，餓不餓？」

小男孩點點頭。

「爸爸拿雞腿給你吃，好嗎？」

「好。」

韓奇帶著兒子進廚房。嚴青起身要告辭，那個小男孩忽地衝出來，對嚴青呼嚷著：

「阿姨你會再來嗎？」

「會的，阿姨會再來。」嚴青說。

小男孩一手拿著雞腿，一手拉著嚴青的裙角，仰著臉乞憐似的說：「阿姨，你再來時，一定要帶娃娃來哦！」嚴青蹲下來，雙手撫著小男孩稚嫩的臉龐，無比憐惜的看著他，許久才吐出一句話：

「好的，阿姨答應你。」

楊倩文陪著嚴青默默地走出門口，細雨在夜間顯得更加淒迷朦朧，稀疏的街燈迎送著她們的影子，誰也不知道她們已走過幾盞街燈，又將在那裏歇息。只有無邊的霏雨，和遠近傳來的車聲陪伴她們走過漫長的街道。

（青年戰士報副刊，一九八〇年十二月十四日）

附錄七

雨季

雨繼續落著，靜靜地飄灑在那座面對小鎮的山腰裏。一片竹林半掩著一間木屋，屋前屋後，瀰漫著薄薄的煙霧，細弱的雨聲隨著微風飄動，在木屋的四周繚繞。

接近黃昏時，一位婦人頭戴斗笠，披著黑雨衣，挑著一擔空竹籃，從山腳的小徑緩緩走上來。當他將竹籃放在屋簷下時，屋裏走出來一名小女孩，欣喜的喊著：

「啊，媽媽！」

「小芬，功課做完了嗎？」母親關切的問。

「做完了。」女兒說：「我把飯煮好了。」

「很乖。」婦人說著，走進屋裏。

屋內的設備，只是一張木床，用三夾板隔在裏邊，外邊有一張陳舊的書桌和兩張板凳，角落裏堆著零散的傢具。右邊木牆上開著一扇門，通向廚房。

婦人拎著一包東西，走進廚房，小女孩跟在後面。當她正在脫雨衣時，小女孩說：

「今天廖伯伯又送東西來。」

「什麼東西？」婦人驚訝的問。

「兩條烤蕃薯、一隻雞、和一袋雞蛋。」

「你怎麼又忘記我吩咐的事！」婦人焦急的說。

「廖伯伯堅持要送給我們。」

「呵！那怎麼可以，那怎麼可以……。」

婦人心急的脱下雨衣，走到餐桌旁，惶亂的將放在桌上的袋子打開，果然是一隻肥淨的雞，還有十幾個雞蛋。婦人又把袋口繫好，回過頭對女兒說：

「這些東西我們不能收。我已經買了魚和肉，要煮給你吃。」

「那廖伯伯的東西怎麼辦？」女兒惋惜的望著母親。

「我想辦法送還給他。」母親說：「從今以後，我們不能再隨便接受人家的東西，知道嗎？」

小女孩點點頭，顯得有幾分委屈，但又不能違抗母親的話。婦人安慰著女兒，同時熟練的點燃瓦斯爐，開始做晚餐。

母女兩人在暈黃的燈光下進餐，母親似乎心事重重，女兒也感覺到母親異樣的表情裏，好像有不可告人的秘密。

「廖伯伯為什麼對我們好？」小女孩口嚼著飯問。

「不知道……」婦人遲疑的說：「其實，我也不清楚。」

屋外傳來短促而強勁的風雨聲，門板隨著晃動起來。小女孩抬起頭，看見母親眼眶裏閃著淚光，慌忙的放下筷子。

「媽媽，你怎麼流淚了？」

婦人端著碗，雙腕頹放在桌沿。她凝視著女兒，許久才說：

「我沒有流淚，只是——只是剛才一陣風吹進了眼裏。」

小女孩扒完最後一口飯，用筷子夾了兩塊瘦肉放在母親的碗裏，婦人怔住了，沒有發覺女兒替自己夾了肉。

「媽媽，你老是夾肉給我吃，你怎麼不吃？」小女孩說。

「哦，」婦人突然醒悟過來。「你先吃，我沒有關係。」

那夜，小女孩睡著以後，婦人摟著女兒，眼淚如注般的滴淌在枕畔。她不知道外面的風雨是否停了，只覺得眼前的世界無限的遼闊和淒涼。她知道女兒逐漸接近懂事的年紀，有些事已經隱瞞不住了。可是她又無法將沈積在心底的事告訴女兒，因為女兒還不瞭解世事，不懂得人間的感情有多麼微妙和曲折。

第二天，她照常到菜市場賣菜，沒有遇到賣烤蕃薯那個人。她託一個熟識他的朋友，把那袋東西送還給他，並附帶十元蕃薯錢。她認為這麼做，才能減少一些無謂的麻煩。

這時雨停歇了，濃霧從平地退回到山巔，天空雖然還覆著厚厚的雲，但是小鎮的人喜悅得紛紛衝出家門，趕在霪雨再來之前，競去街上購買東西。不一會，街上已經呈現一片熙熙攘攘的景象，異常熱鬧。

過了中午，她的蔬菜都銷售完了，仍然挑著空竹籃回家。每次賣完菜，她總會為女兒帶點零食回去，這次她又買了幾塊綠豆糕和蛋捲。她滿意的走出餅干店，往街尾走去。經過交叉路口時，恰巧遇到那個人推著烤蕃薯車前來。她迅速的繞道而過，好像駭怕遇到他似的。可是那個人已經發現她。

「喂，林月——」

她裝作沒有聽見，繼續趕路。一會兒工夫，她就跨上了山路。也許她該停下來跟他談幾句話，但是她又無故的退卻了，像在拋甩一場夢魘，將他遠遠地拋在腦後。她也明瞭，有些陰影是拋不掉的，永遠會留在她的心中。

回到家，女兒迫不及待地把一張成績單遞給她看。

「媽媽，我們明天開始放寒假。」女兒說。

她坐在板凳上，抱著女兒端詳一番，露出微笑的說：「成績還好吧！」

「老師說我是全班第一名，還賞我獎品。」

「噢，那麼好啊！」母親說：「改天我也送獎品給你。」

「謝謝媽媽。」女兒興奮的笑著，緊偎在母親的懷裏。

不久，山峰又飄下濃濃的煙霧，雨像細絲般地落著。屋前那片竹林剛停了幾隻鳥，又急著飛走了。整座山林，寂靜得沒有一點聲音。

小女孩伏在桌上寫作業，婦人在廚房洗竹籃。突然小女孩尖著嗓門叫起來：

「啊！媽媽……」

「什麼事？」廚房傳來婦人的回聲。

「廖伯伯來了。」

「是他？」

婦人說完話，慌忙的跑出來，看見那個人戴頂斗笠，穿著零亂的從小徑跑上來，一條塞在領內的毛巾，垂到胸前晃盪著。當他上氣不接下氣的跑到門口，母女兩人都傻愣了。

「林月，」男人說：「你怎麼把東西又送還我？」

「我想這樣做沒有錯。」婦人說。

「唉呀，那是要給小芬補點營養的嘛！」

「我知道，但我不會接受。」

男人把手上的一袋東西提到眼前，有點無奈的說：「難道還要教我帶回去！」

「你應該那麼做。」婦人堅決的說。

小女孩看到兩個大人冷淡的表情，還有讓她聽不懂的對話，一時情急起來，便衝口而出：

「廖伯伯好心送東西給我們，為什麼不能收？」

「小芬，」婦人改換口氣說：「我們有錢買那些東西，怎好意思拿別人的？」

小女孩不解似地搔搔頭，兩眼望著門口的男人。男人的眼眶裏溢滿了關注的神情，雙唇翕動著，但始終沒有對她說一句話。

「你可以回去了。」婦人對男人說。

男人溫馴的望了母女一眼，頹然的轉過身，正走了幾步，小女孩忽然掙脫母親的手，衝出去，嘴裏喊著：

「不！廖伯伯……。」

婦人沒有阻攔，默默地呆立著。小女孩跑到男人身後，抓住男人的衣襟，哀號似的說：

「廖伯伯，你不要走！」

男人停住腳步，回過頭搭著小女孩的肩膀，勉強擠出一絲笑容。

「廖伯伯，你對我們那麼好，為什麼要走？」

「小芬乖，」男人蹲下來說：「廖伯伯的家在很遠的地方，不走，待會下雨，就走不了呀。」

「那就乾脆留下來嘛！」小女孩噙著淚說。

男人的眼角也不由自主的擠出一顆淚，上下閃動著，他梳開小女孩散在額頭的長髮，極力的安慰她說：

「小芬，改天再來看你，好嗎？」

小女孩揩去臉上的淚，不置可否的望著男人。

「對了，」男人又說：「你這學期一定又拿了第一名，是嗎？」

「嗯，」小女孩回答說：「媽媽已經知道了。」

「好，這次要送你一個很大的禮物。」

「謝謝廖伯伯，不過媽媽她……。」

「哦，那沒有關係。」

男人說完話，拍了拍小女孩的肩膀，就離開了。小女孩回到屋裏，卻看見母親坐在床沿低頭啜泣。許久，小女孩都不敢吭聲。直到婦人抬頭起，才把她摟在懷裏，母女兩人不知如何是好。

晚飯後，小女孩想起一件事，就跟母親說。

「老師說要來家庭訪問。」

「什麼時候？」母親說。

「大概在春節以前。」

「老師不是很忙嗎？」

「他說只來我們家。」

「為什麼？」

「他想拜訪爸爸。」

婦人一聽到這句話，臉色遽變，正在洗碗的手，忽然停止不動，側過臉問女兒說。

「你怎麼跟他講？」

「我說爸爸還在國外做生意。」小女孩說：「我從小就沒有見過爸爸，不知道爸爸是什麼模樣。」

「那老師為什麼還要來？」

「我也不知道。」

小女孩玩弄著桌上的玩具，沒有注意到母親臉上的窘狀。婦人也沒有掩飾的繼續洗碗筷，只是愁眉深結，一直很不開朗。

小女孩走到母親身旁，仰起臉問母親：

「爸爸怎麼還不回家？」

「這……」婦人很為難地說：「爸爸要賺很多錢才會回來。」

「爸爸是不是不要我們了？」

婦人不防女兒會這樣問，驚詫地看著女兒的臉，徐徐的說：

「不會的，等你長大，爸爸就會回來。」

「可是我一直很想念爸爸，怎麼辦？」

小女孩說著，淚水又湧上眼眶。婦人帶她到床前，安慰她說：

「不要想那麼多，爸爸一定會回來，而且還會帶很多玩具給你。」

「這是真的？」小女孩破涕為笑的說。

「是真的，不騙你。」

婦人將廚具收拾妥當，便坐下來陪女兒做功課。小女孩還問了她幾個問題，但她似乎無心回答；有時支吾以對，有時故意岔開話題，神情一直很黯然。

天亮後，婦人到後山挖了一籃竹筍，又到菜園摘了一擔蔬菜，挑到門前來沖洗。然後，婦人給女兒換了舊衣服，一道去市場賣菜。在回家之前，賣烤蕃薯的男人抱了一個電動玩具來給小女孩，婦人沒有拒絕，只是始終不跟男人講話。

傍晚，又開始下雨。天黑後，整個山區都聽得到淅瀝的雨聲。今年的雨季似乎特別長，雨量也特別多。而且愈接近年終，天氣愈冷。看來小鎮的人，又要熬過一個寒冷而枯寂的冬天。

深夜裏，北風呼嘯地吹過窗前，寒氣越來越重，幾乎使婦人無法闔眼。她兩眼直瞪著天花板，搖晃的燈影，使她的思緒跟著氾濫起來，不知不覺過了午夜。

忽然，婦人觸到女兒燙熱的手腳，驚懼的翻過身來，看到女兒額頭正在冒汗，而且喘著氣，她慌忙的搖醒女兒。

「小芬！小芬！你怎麼啦？」

小女孩緩緩睜開眼睛，乏力的說：

「我的頭很暈……。」

「一定是感冒了。」

婦人說著，立刻翻下床，到廚房熬了一碗薑湯，弄給女兒喝，又繼續入睡。到了清晨，婦人發覺女兒發燒還沒有止退，便開始急亂起來。來不及做早飯，就匆忙的背著女兒到街上去，找黃大夫診治。給醫生看過後，她用雨衣覆著女兒，又背回家裏。

經過一天一夜，小女孩的病情仍沒有好轉。婦人又背著她去找黃大夫。

「她有點肺炎的傾向。」黃大夫說。

「那怎麼辦？」婦人手足無措的說。

「最好帶她去大醫院治療。」

「你這裏不行嗎？」

「大醫院設備好，檢查方便。」

黃大夫給小女孩打一針，就催促婦人趕快帶去。婦人剛出門口，卻猶豫不決。她口中喃喃的說：

「這要怎麼辦，錢已經花光了……。」

她並沒有按照黃大夫的指示，反而將女兒帶回家去。小女孩有時痛苦的呻吟著，有時又昏迷不醒，體溫時高時低，氣喘逐漸加速。婦人眼看著女兒病情轉劇，又沒有錢送她去就醫，內心已經絞痛萬分……。這天黃昏，那個男人又來了。

「呵！這是怎麼一回事？」男人被眼前的情景懾住了。

「小芬……小芬她感冒了。」婦人飲泣的説。

男人俯下身，摸著小女孩的額頭，聽到她急劇的呼吸，一改臉色説：

「快點，送她去就醫。」

「可是……」婦人仍在猶疑著。

「為了孩子生命的安全，這次我不怕你反對。」

「不是，我已經沒有錢了。」

男人沒有答話，逕自用毛毯裹著小女孩，將她抱出去。他走到門口，拋下一句話：

「先送去再説。」

婦人已經亂了方寸，她隨便整理一個旅行袋，也跟在男人後面出去。他們到山下攔了一輛計程車，直接開到市區去。他們找到一家公立醫院，立刻進去掛急診，隨後申請到一間病房，就住下來醫療。

「請問大夫，孩子得了什麼病？」男人問。

「急性肺炎！」大夫回答。

「會不會有生命危險？」婦人急著問。

「大概不會，安心的在這裏治療。」

他們日夜在那裏照顧小女孩。當男人知道小女孩已經脱離險境後，立刻趕回去張羅費用。婦人守在女兒身旁，心急如焚。

小女孩甦醒過來後，掙扎著想爬起來，被母親按住了。她恐懼的説：

「媽媽，我很駭怕……。」

「小芬，」婦人説：「有媽媽在你身邊，不要怕。」

「廖伯伯呢？」小女孩問。

「他剛回去。」

小女孩正要闔眼，又突然睜開眼睛，直望著母親説：

「爸爸會回來看我嗎？」

「小芬，」婦人面呈難色的説：「不要想那麼多，好不好？」

「我經常夢見爸爸……。」小女孩説。

「我想爸爸也會想念你。」婦人安慰著女兒。

五天後，小女孩痊癒了。男人替她辦妥出院手續，正想離開，但被小女孩喊住了。

「廖伯伯，你要去那裏？」

「你廖伯伯還有事要辦。」婦人替他説。

「不要，我要他陪我回家。」

男人轉過身，看著母女兩人，心裏湧起一陣哀憐，他不動的站在房門前。

「中堂，」婦人乞求似的說：「你再答應孩子一次吧！」

男人沒有說話，只微笑的走過去牽著小女孩，三人一同離開醫院。

他們回到小鎮，天空已經放晴了。雖然雨剛停不久，但是陽光卻迫切地衝出雲端，和煦的照在山岡上。他們經過小徑旁的菜園時，小女孩失聲的嚷著：

「啊！小白菜長得好高哦！」

兩個大人不約而同地相互對視，發出會心的一笑。婦人抱起小女孩，逗著她說：

「它們都快比你高嘍！」

男人送母女回去後，等小女孩上床休息時，他就走了。臨走前，小女孩哭喪著臉對他說：

「廖伯伯，你幾時再來看我？」

「我會經常來……。」男人說。

「一定哦，我在家裏等你。」

「好的，我一定會來。」

小女孩終於露出病後第一次笑容。母女兩人目送著男人離去。當男人的影子消逝於小徑盡頭時，婦人突然淚眼模糊的擁著女兒，哽咽的說：

「你想念廖伯伯嗎？」

「是。」小女孩點著頭。

「也想念爸爸嗎？」

「也想念。」

婦人把女兒摟得更緊，眼淚直流到女兒的頸項。小女孩仰起臉，疑惑的問：

「你為什麼在哭？」

「小芬——」婦人說不出話來。

小女孩也跟著流淚，靜靜地伏在母親懷裏。半晌，婦人終於又開始說話。

「你想知道爸爸在那裏嗎？」

「不是在國外？」小女孩說。

「不是！」婦人搖著頭。

「為什麼？」

「以前是騙你。」

小女孩睜著大眼睛，在傾聽母親說話。婦人幽怨的說：

「我不想再瞞你，你爸爸曾是一個……。」

「是一個什麼，快講嘛！」

「一個壞人。」

「不！」小女孩還不相信的說：「爸爸不會是壞人。」

「他犯過罪，已經出獄了。」婦人說。

「那他在那裏？為什麼不回來？」

「這……」

婦人似乎已忍不住女兒的詰問，但她卻遲疑地不敢說出心中的秘密。她望著女兒，眼淚止不住又掉下來。

「我要去找爸爸！」小女孩說。

婦人沒有回答。

「你快告訴我爸爸是誰。」

「你真的想知道？」婦人說。

「我要爸爸，快告訴我。」小女孩急切地說。

婦人別過臉，望著門外的竹林，徐緩的說：

「剛走那個人，就是你爸爸。」

「啊！是廖伯伯？」小女孩驚奇的嚷起來。

「他就是你爸爸。」

「爸爸——」

小女孩掙開母親的懷抱，一個人快速的衝出門口，婦人詫愕的站起來，跟在後面喊著：

「小芬！你要做什麼！」

「我要去找爸爸——」

小女孩嘴裏說著，人已經跑下了小徑，頭也不回地往前直跑，像一匹雛馬，在蜿蜒的路上狂奔著。她的母親也拋開一切的跟在她後面追趕過去。林風吹散她們的長髮，飄起她們的衣袂，陽光也在她們臉上瘋狂吻著，整座山腰迴盪著她們奔跑的腳步聲……。

（青年戰士報副刊，一九八〇年三月二十七日）

附錄八

尋詩的女孩

認識唐琦的時候，我們都還很年輕，剛剛進入師專的年紀。

那次學校舉辦全校大野炊，地點在石門海邊，唐琦跟我編在同一小組。她那清秀而姣好的面貌，一路上吸引好多人的注意，包括我在內。起初我對她一點也不瞭解，後來有個男孩偷偷的告訴我説：

「她以前是一枝校花呢！」

「你怎麼知道？」我好奇的問。

「我當然知道，她跟我同校呀。」

那個男孩説話的神情很特殊，有點偵探的味道。他又告訴我説：「她還會寫詩，曾得過什麼創作詩獎哩。」

聽他這麼一説，我心裏有個打算：今天非認識她不可。不過，想歸想，我還沒有膽量公然的跟女孩講話，況且她是一個帶有傳奇性的人物，我有勇氣去認識她嗎？愈想愈覺心怯，一路上幾乎坐立不安。

車抵石門後，男孩搬炊具，女孩攜食料，魚貫的進入海邊。我們這一小組覓到一處乾燥的岩堆，開始砌石灶，男孩提水和升火，女孩切菜，一時忙碌起來。這時我注意到唐琦的穿著，一件藍呢上衣，一條乳色長褲，顯得非常樸素。頭上烏亮的長髮微捲，襯托出略圓的臉形，真有一股迷人的風采。

起火用的木材，冒出嗆人的灰煙，圍在石灶旁的人，都被激出了眼淚。無意間，唐琦找來一片厚紙板，猛往灶上搧，濃煙才逐漸散去。幾個男孩不約而同的喊出一聲：

「哇，好過癮！」

唐琦嫣然的笑笑，眼眶裏也閃著被煙熏出來的淚光。忽又緊抿著薄唇，一句話也沒說。

窮忙一陣，終於升起了火。女孩把鋁鍋抬上石灶，將食物配料一道放進去。性急的男孩，已開始嚷著，跟女孩抬槓聊天。我逕自走到岸邊，將雙手的污漬洗淨，隨即坐在岩岸上休息。

近岸的海潮輕撞著岩石，發出清脆的聲音，遠方則平靜得沒有絲毫波瀾。秋陽和煦的照映在海面上，泛出粼粼的波光。我看得入迷了，不知何時有個女孩在身後喚我：

「喂，你在看什麼？」

那溫柔的聲音，驚醒了我，轉過頭的霎那，我訝異得張口結舌，那女孩竟是唐琦。她走過來，輕巧的坐在我斜對面的岩石上，微笑的說：

「好美的海邊，就只你一人在這裏欣賞？」

我聽不出她話裏的意思，不知如何回答她，便隨意的說：「不只我一人，還有你。」

「噢，」她微仰著臉看我。「你真會說話。」

此刻，我心裏已蹦蹦地跳個不停，臉頰也斷續地牽著動，很傖傐。約莫半分鐘後，才勉強擠出一句：

「我不會說話，請你別介意。」

她的視線轉移到遠海，不再直看我，我才鬆了一口氣，但心臟仍猛在跳動，感覺耳根也有點燙熱。

「在鄉村，看不到這麼美的海景。」她若無旁人的說。

「你也從鄉下來？」我提起勇氣搭上一句。

「嗯，」她點點頭。「那你從那裏來？」

「跟你一樣。」我說。

她又回過頭來，嫻靜的對我端詳一番，我自覺得害臊，不好意思的低下頭。

「你像鄉下人嗎？」她似頗有興致的問我。

「這一臉土相，」我抬起頭說，「你看像不像？」

她抿著嘴微笑，然後像大人哄小孩似的說：

「你應該在鄉下多待幾年。」

聽到她這句話，我竟忘情的笑起來。暗地覺得這女孩真不可思議，無緣無故跟我談這些作什麼？我們只不過初識，值得這樣「深談」？

偕她走回原地的時候，感覺自在多了。大夥以奇異的眼光看我，我很敏感的知道那代表什麼意思。但我強自若無其事的跟他們搭訕，好像沒有唐琦在我身旁似的。

唐琦的笑聲，像清越的銀鈴響，不時的繚繞在四週。大夥也被感染得像不斷冒出蒸氣的鋁鍋那般的快活。

那天，我異常的興奮，滿腦子是唐琦的影子，她可以說是第一個跟我談話的陌生的女孩。唐琦的隨和，及那迷人的氣質，已深深地刻在我腦裏。

返校後，許多男孩都在談論她。讓人覺得唐琦的影像，一直活現在眼前跳躍。

「你有沒有發現她的眼睛，烏亮的像一潭秋水。」

「我看她站著時，比剛出水的芙蓉還動人。」

「還有聽她說話，宛如陶醉在春風裏一樣。」

讚美的言詞，不斷地從男孩口中流露出來。唐琦的名字，也傳遍了男生宿舍。連高年級的學長，都對她另眼相看。

當時社團活動很盛行，我去參加口琴社，唐琦好像加入了新潮詩社。課外的時間，我們也很少碰面，只陸陸續續的從別人口中得知一些關於她的消息。

第二學期開學不久，我在圖書館遇見唐琦一次。她抱著一大疊書籍從外面進來，一眼瞧見我，不慌不忙的向我問好，我赧然的回她一聲。她又說：

「你喜不喜歡新詩？」

我正想搖頭說不喜歡，但她直盯著我，似乎很鄭重的樣子。不覺跟她點了頭，並朝她尷尬的笑笑。

「這本詩刊送給你，」她從一疊書籍中抽出一本約三十二開的小冊子，說：「是我們詩社出版的。」

「謝謝你。」我不好意思的接下。

唐琦還告訴我詩集裏一首「秋別」是她的作品，希望我給她一點指教。其實，我對詩從來沒有研究過，可說是一竅不通。她離開後，我將詩集翻到「秋別」那一頁，默讀了一遍，讀不出什麼味道來。大概是自己的鑑賞力太差，左看右看，仍體會不出當中的意蘊。不過，其中有一段寫得相當清新脫俗，給我的印象很深。記得她這樣寫著：

你舞著彩蝶般的衣裳
無聲無息的消逝於秋野
我抹著你留給我的淚痕
託白雲去尋覓你的芳蹤

其餘的詩句，我看不太懂，甚至不知所云，當然就淡忘了。

不久之後，學校舉辦第一屆文藝作品比賽。公佈成績的那天，新詩獎乙組的第一名，竟然是唐琦。許多人為她感到驚訝萬分，因此使她的聲名大噪，全校的人沒有不知唐琦是個小詩人。

聽說只要有唐琦在的場合，男孩會不自禁的多瞧她幾眼，女孩也會為她竊竊私語。我經常看到她出現在藝文教室和活動中心，或者圖書館。但她好像很忙碌，無暇跟旁人多談幾句。偶而不經意遇到我，也只是點個頭而已。

到了三年級，功課比較緊湊。一有空閑，我總是關在房內看書，或跑到圖書館坐在角落的一張桌前寫作業，幾乎跟外界隔絕了，也很少再去注意唐琦的行蹤。

好事的男孩，總會在課後飯餘，談一些有關唐琦的事，我也靜靜的帶點好奇的聽他們談著。

「聽說她當上新潮詩社的副社長了呢。」

「難怪她走到那兒，總有許多男孩跟在她後面。」

「我還聽說總教官很看不慣她那種交遊的方式。」

「對啦，前天我經過教官室，還聽他們在談論呢。」

對於那些不確切的流言，我都半信半疑，不刻意的去探究它。但過了不久，學校發佈了一則公告，是校長的親筆。大意是說，新潮詩刊裏有對學校不當的批評言詞，因此勒令其停刊。這一則公告吸引好多人圍觀，全校傳言四起；有的說新潮詩刊好，有的說新潮詩刊不好。說好的人，都認為裏頭的文章，對學校某些不當的措施，批評得痛快淋漓，大快人心。說不好的人，則認為寫文章的人太武斷，有如在雞蛋裏挑骨頭。

不論別人怎麼說，我仍不為所動。當我將新潮詩刊從頭到尾仔細的覽讀一遍之後，並未察覺有何激烈的文字，如要挑剔的話，裏頭有一篇「新潮詩社的成長」，隱約的談到學校掌行政的人，缺乏魄力來推展社團活動。難道那就是大家爭論的重點？還是另有原因？我不清楚。有一天，我又在圖書館碰到唐琦。她仍抱著一疊書籍，但表情顯得很頹唐。

「唐琦，到底是怎麼一回事？」我先開口說。

她將手上的書籍放下來，身體頹坐在椅上，毫無精神的說：

「詩刊被禁，我心也被掏空了。」

「你們沒有去爭議？」我說。

「社長跟我跑遍了各處，也當面請求校長開釋，都沒有用，今後不准再續刊。」

「同學的反應如何？」

「不知道，這幾天我都關在房間痛哭……。」

望著她那楚楚可憐的模樣，一向硬心腸的我，頃刻也變軟了。我學著溫柔的口吻，勸她說：

「詩刊辦不成，有什麼關係，再另開新路嘛！」

「謝謝你的關心。」她傷心的說。

而後，有很長一段時間，我沒再看到唐琦的人。升上四年級，又忙著選組，更無暇去探聽她的消息。不知什麼時候，在校內流傳著一個消息說唐琦往校外去發展了。每逢假日，總有一些校外的男士，約她接洽什麼事，看來比以前更神氣。

一天傍晚，我在校門口等候朋友，意外地發現唐琦從公車下來，臂彎裏夾著幾本雜誌。當她經過我面前時，我跟她打著招呼：

「嘿，唐琦，近來好嗎？」

「哦，」唐琦露出笑容，愉快的說：「很好，你呢？」

「我還是老樣子。」我說。

唐琦掏出一本雜誌，指著封面說：

「不久前，我認識了這家雜誌社的主持人，就將我的詩作拿去給他看。他很欣賞，說歡迎我經常投稿。」

「很好啊，」我帶點恭維的口氣說，「你的大作就有地方發表了。」

從那次見面以後，唐琦又恢復到原來開朗的面目，在學校又變成一個活躍的人物。還連續獲得第二屆、第三屆新詩獎甲組的第一名，她的名氣轟動了校內外。

畢業前夕，新潮詩社的社員，幫她舉辦一個別開生面的詩展。展覽的地點在活動中心，裏面佈置得煥然一新。即使不懂詩的人，只要走進裏面也會被那些光彩奪目的裝飾，震懾得神志不清。

我選一個空堂，去看她的詩展，那時唐琦正在簽名處跟人聊天，我悶聲不響的從門邊跨進去，沒被她發現。我找到一個空隙停下來，正好看到一首題為「白楊的自述」的詩。它開頭寫道：

我有著青色的年齡
別人笑我老態龍鍾
我也有恬靜的心境
卻無故惹來清風的撫弄
誰知我已深受了世間的冷暖

當我讀到「誰知我已深受了世間的冷暖」這一句時，整個人恍惚跌進莫名的憂傷裏。莫非那就是唐琦自己的寫照？一個女孩在追尋理想的過程中，曾遭遇過什麼不可告人的酸楚？也許我不該這樣臆測唐琦的心思，畢竟五年來，我們並沒有深一層的交往，只能隨便猜想而已。

這時唐琦走過來了，堆著滿臉的笑容。一開口就問我說：

「看你那麼聚精會神，覺得如何？」

「這首詩我還沒看完。」我說。

她抬頭望了一眼，然後徐徐的說：

「你看我像不像一棵白楊？」

我驀地想起我們第一次見面的談話，就以調侃的語氣對她說：

「你應該回去多植幾棵白楊。」

剛說出話，她還莫名我話裏的意思，繼而想通了，便自得的笑起來。惹得兩旁的人，都偏過頭來看我們。

唐琦的詩展，辦得非常成功，也獲得很好的評價。在她預置的「即興」的空欄裏，及一些年輕詩人的來信中，都寫盡了對她的讚揚和仰慕。

當時快要居臨畢業考，我又將自己關在房裏看書，逐漸地忘記唐琦詩展的盛況。直到畢業典禮那天，都沒有唐琦的消息。

期待的日子，終會來臨。每個畢業生胸前配掛一朵鮮紅的紙花，而後井然有序的進入大禮堂，參加莊嚴肅穆的典禮。我忽然想起唐琦，便在眾多的女孩子中間逡巡，許久仍未發現她的影子。

「欸——怎沒看到唐琦？」我疑惑的問鄰座的老呂。

「這你還不知道啊，」老呂驚詫的說，「她畢不了業啦！」

「為什麼？」我急得差點從椅上跳起來。

「她有三科沒通過，必須重修一年。」

「真有這回事？」

「不信的話，你自己去教務處查看，就明白了。」

聽到這消息，我兩眼發昏，全身僵直的坐在那裏，幾乎不敢相信這是事實。一個那麼風靡的人物，竟會在此刻銷聲匿跡，是否命運在作弄人？當畢業生代表在致謝詞的時候，坐在前排的女孩都哭了，坐在後排的男孩與奮的笑著，我彷彿也聽到唐琦的笑聲，從四面八方傳來，但我完全失去了知覺和意識，只依稀聽到有人說：

「唐琦應該是代表致謝詞的人。」

「誰知她給自己洩盡了氣。」

畢業典禮於何時結束我不清楚。等會餐完畢後，我就急著離開校門，趕回鄉下老家。

八月下旬，分發結果，我被派到一所鄉間的小學任教。緊接著入伍服兵役，一去就是兩年。

服兵役期間，很少有機會再回母校看看，也不知道唐琦的情況。偶然間遇到一位學弟，他告訴我唐琦又返回學校念書，在外面租賃，自己獨來獨往，不跟任何人發生過從，彷彿換了一個人。

那時我很想寫封信去安慰她，但又駭怕會勾起她的舊創傷，或打攪她平靜的生活，於是又打消寫信的念頭。一直過了一年多，快居退伍的日期，突然收到老林寄給我的一封信，信中附帶提到唐琦的事。他說：

「唐琦『畢業』後，回到家鄉一所小學教書，生活過得蠻好的，只是缺少以前那種風采……。」

老林跟唐琦是同鄉，他說的話，不會虛假，我也信以為真。不過，因太久沒見過唐琦，對她的印象愈來愈模糊。她那嬌美的面貌，也快從我腦海中消逝……。

退伍後，我又回到小學任教。約有半年的光景，都窩在鄉間，沒有離開過。第二年暑假，奉命回母校參加新課程研習會。非常意外地，又遇到了唐琦。從她像婦人的裝束看來，顯然比過去成熟多了，但卻有點蒼老，臉孔不如女少那樣的清麗。幾乎讓我認不出來。她帶著沈濁的音調說：

「吳維，還記得我嗎？」

「記得，」我欣喜的回答。「我永遠記得你。」

她垂下頭來，顯得興致索然的樣子。

「什麼時候請我喝喜酒？」我打趣的說。

「我已嫁人了。」她忽地綻開臉上的笑容。「忘記請你喝喜酒，很抱歉！」

「哦，沒關係。」我立刻改換話題，說：「那對方是誰？」

「一個莊稼人。」她淡然的說。

唐琦嫁人的消息，我從未聽說過，也許別人也不知內情。突然，我想起一件事，便順口問道：

「妳還寫詩嗎？」

「不再寫了。」她搖著頭說。

「為什麼？」

「尋尋覓覓那麼多年，總該有個終結。」

「那不是很可惜？」

「不會，我發現了有比寫詩更快樂的事。」

那次是我們最後一次的見面，到現在我仍不明瞭她所謂「比寫詩更快樂的事」是什麼，我也無心去窮究。也許屬於唐琦的輝煌的歷史，已經過去了。在年輕時候，認為很體面的事，稍隔幾年，事過境遷，可能就變得不值一顧。但在我的記憶裏，某些特殊的事，是不會抹滅的，甚至愈久，記得愈深牢。

（青年戰士報副刊，一九八〇年一月十七日）

作者簡介及著作目錄

周慶華，台灣宜蘭人，一九五七年生。中國文化大學文學博士，曾任小學教師、淡江大學中文系講師、空中大學講師及副教授等，現為台東師範學院語文教育學系副教授。曾以谷暘（陽）、慕常、黎谷等筆名撰稿。本書所收散文三〇篇，及附錄小説八篇，多為年少時所作，承報刊、雜誌的編輯不棄，惠為刊登，如今才能給自己早期的寫作生涯留下一鱗半爪的痕跡。感念所有的有緣人，讓我的生命也得以展現一點姿采。已出版著作一覽表：

一、論著：

《詩話摘句批評研究》，台北：文史哲，一九九三年。

《秩序的探索——當代文學論述的省察》，台北：東大，一九九四年。

《文學圖繪》，台北：東大，一九九六年。

《台灣當代文學理論》，台北：揚智，一九九六年。

《佛學新視野》，台北：東大，一九九七年。

《語言文化學》，台北：生智，一九九七年。
《台灣文學與「台灣文學」》，台北：生智，一九九七年。
《兒童文學新論》，台北：生智，一九九八年。
《新時代的宗教》，台北：揚智，一九九九年。
《佛教與文學的系譜》，台北：里仁，一九九九年。
《思維與寫作》，台北：五南，一九九九年。

二、創作：

《蕪情》（詩集），台北：詩之華，一九九八年。
《追夜》（散文集），台北：文史哲，一九九九年。

三、編撰：

《幽夢影導讀》，台北：金楓，一九九〇年。
《舌頭上的蓮花與劍——全方位生涯經營大志典：言辭卷》，台北：大人物，一九九四年。